Eduardo Casalins

100

RECETAS EXQUISITAS PARA BAJAR DE PESO

100 recetas exquisitas para bajar de peso
es editado por
EDICIONES LEA S.A.
Bonpland 2273 C1425FWC
Ciudad de Buenos Aires, Argentina.
E-mail: info@edicioneslea.com.ar
Web: www.edicioneslea.com.ar

ISBN Nº 978-987-1257-67-6

Segunda edición; 3000 ejemplares
Impreso en Argentina, septiembre de 2007.
Esta edición se terminó de imprimir en M Libros

Casalins, Eduardo
    100 recetas exquisitas para bajar de peso - 1a ed. 2a reimp. -
Buenos Aires : Ediciones Lea libros, 2007.
    128 p. ; 22x14 cm. (Sabores y placeres del buen gourmet; 2)

    ISBN 978-987-1257-67-6

    1. Cuidado Personal. 2. Dietas. I. Título
    CDD 646.75

CONTENIDO

79. Pechugas de pollo con jengibre 80. Pechugas de pollo con salsa de cerezas 81. Pechugas de pollo con salsa de manzanas 82. Pollo con orégano y tomates 83. Pechugas de pollo con ananá 84. Lomo con crema de hierbas 85. Lomo con arroz y vegetales 86. Lomo con salsa de vegetales 87. Bife con vegetales a la parrilla 88. Cazuela de carne y vegetales 89. Ternera a la italiana 90. Ternera con salsa verde 91. Ternera con romero y limón 92. Bifes con salsa criolla 93. Bifes encebollados 94. Brochette de carne, vegetales y frutas 95.

INTRODUCCIÓN

Una alimentación saludable es la base para prevenir enfermedades. Y en la actualidad nadie duda de que la obesidad es una peligrosa invitación para arriesgar nuestra salud.

Dejando de lado cuestiones estéticas, cuidar nuestro peso es una manera de conservarnos saludables y no debe ser una tarea que nos llene de ansiedades y angustias. La consulta al profesional médico es también indispensable para llegar a buen puerto.

En los últimos tiempos han proliferado una impresionante variedad de dietas que prometen resultados asombrosos, casi mágicos, si se sigue al pie de la letra sus indicaciones. Sin ánimo de polemizar al respecto, el cumplimiento de sus horarios y en muchos casos, lo insulso de sus recetas, hacen que muchas veces se abandone la dieta antes de obtener resultados satisfactorios.

100 recetas exquisitas para bajar de peso, propone, en cambio, un camino mucho más sencillo y divertido. Cada receta de este libro detalla su cantidad de calorías y su contenido en grasas y en colesterol. Con una simple visita a su médico de confianza, se sabrá la cantidad de calorías necesarias para bajar de peso, sin descuidar la salud. De ahí en más, se elige el menú de cada día entre una variedad de opciones que incluyen carnes blancas y rojas, pescados y mariscos, pastas, vegetales, sopas y postres. No hay que olvidar que las necesidades diarias de calorías dependen de cada persona, de su sexo y del tipo de actividad que se lleve a cabo.

Las recetas de este libro contienen ingredientes fáciles de conseguir y son siempre para cuatro personas. La variedad de productos diet o de bajas calorías es hoy una realidad, lo que permite un abanico de posibilidades culinarias muy amplio. Se ha tenido especial cuidado en que todas sean sencillas de elaborar, sin que esto signifique olvidar lo más importante de la cocina, los sabores exquisitos que nos puede regalar un plato equilibrado y saludable. Se recomienda el uso moderado de la sal, pero se utilizan profusamente las hierbas aromáticas y las especias. Una cocina para bajar de peso no debe privarnos de un plato sabroso, fresco y colorido. En la antigüedad se decía que la salud y la enfermedad entran por la boca. De allí la importancia de una alimentación saludable, de comer sano y natural.

Una cocina para bajar de peso no debe privarnos de un plato sabroso, fresco y colorido. En la antigüedad se decía que la salud y la enfermedad entran por la boca. De allí la importancia de una alimentación saludable, de comer sano y natural.

PRIMERA PARTE
CONCEPTOS BÁSICOS
DE NUTRICIÓN

Una alimentación saludable y equilibrada

La guerra contra la obesidad no debe entenderse como una obsesión meramente estética. Cuando hablamos de bajar de peso, hablamos de lograr una dieta equilibrada para vivir mejor. El sobrepeso es malo para la salud, acercándonos a trastornos cardíacos y a otros problemas (colesterol alto, presión arterial elevada). Así, controlar el peso es una manera útil de preocuparnos por nuestra salud.

La ciencia nutricional ha estudiado con detenimiento las características de los alimentos, por lo que en la actualidad podemos saber cuáles son los más saludables (lo que incluye los que engordan menos), ya que previenen enfermedades.

Una dieta que no se olvide de las verduras, las frutas y los cereales, permitirá un contenido óptimo de vitaminas, minerales, fitonutrientes y fibra. Se cree que estos nutrientes y sustancias vegetales ayudan a proteger contra el riesgo de contraer enfermedades de todo tipo.

Para que la alimentación no sea únicamente agradable, sino que también se convierta en saludable, debe basarse en la variedad y el equilibrio, y también adaptarse a las necesidades individuales.

Para poder adoptar una alimentación saludable es imprescindible conocer las características y las propiedades de los alimentos. Pero con eso solo no alcanza, es necesario saber las proporciones y las frecuencias del consumo.

En la actualidad, cada vez más se escucha hablar de nutrición, de alimentación, de nutrientes y de sustancias nutritivas, y la mayoría de las veces no se conoce bien el significado exacto de estos términos. Vamos a intentar aclarar un poco el tema. La nutrición es el conjunto de procesos por los cuales nuestro organismo recibe, incorpora y transforma las sustancias contenidas en los distintos alimentos, ingeridos mediante la alimentación.

Son estas sustancias las que constituyen el material básico para el mantenimiento de la vida misma.

Las sustancias nutritivas son los hidratos de carbono, las proteínas, las grasas, las vitaminas y las sales minerales. Éstas no existen en la naturaleza de una manera individualizada (la excepción es el agua, otra sustancia nutritiva), formando parte de los alimentos en proporciones diversas. Así, hay productos más ricos en determinadas sustancias que otros, aunque se debe aclarar que no hay un alimento que por sí solo cubra la totalidad de las necesidades nutricionales del ser humano. Veamos unos ejemplos: los farináceos (cereales y legumbres) son ricos en hidratos de carbono, hay otros muy ricos en agua como las verduras y las frutas, y también ricos en grasas como los aceites y los frutos secos.

Una clasificación racional de los alimentos

Comer bien no significa aumentar de peso. Entender cabalmente la nutrición de hoy, es el primer paso para lograr una dieta saludable que, además, nos permita bajar de peso sin privaciones ni sufrimientos inútiles. Los expertos en nutrición afirman que la comida sana es mucho más básica de lo que muchos imaginan.

En 1992, el Departamento de Agricultura de los Estados Unidos (US-DA) creó la pirámide alimentaria, una versión actualizada de los cuatro grupos de alimentos básicos conocidos por todo el mundo. Se trata de una pirámide egipcia que se dibuja en infinidad de envases de alimentos. Es una buena manera de ejemplificar la nutrición y aporta una descripción detallada de lo que se debe comer cada día.

Lo que hace la pirámide es describir varios elementos para los cinco principales grupos de alimentos, limitando la cantidad de grasas, aceites y dulces de la dieta:

• *1er. Grupo: panes, cereales, arroz y pastas.*

Los panes, los cereales, el arroz y la pasta se encuentran en la base de la pirámide y son el cimiento para construir una dieta sana, proporcionando vitaminas, minerales y carbohidratos que funcionan como una importante fuente de energía. La USDA recomienda de seis a once porciones diarias. Puede parecer mucho, pero hay que tener en cuenta que una porción es, por ejemplo, una rebanada de pan.

• *2do. Grupo: vegetales.*

Contienen vitaminas como la A y la C, y minerales como ácido fólico, hierro y magnesio, entre otros. Los vegetales son bajos en calorías y grasas, y contienen fibra. Se recomienda consumir de tres a cinco porciones por día. Una porción es una taza de té de verduras de hoja o media taza de verduras cocidas.

• *3er. Grupo: frutas.*

Las frutas son fuentes extraordinarias de vitaminas A y C y de potasio. Se debe consumir de dos a cuatro porciones al día. Una porción es tres cuartas partes de un vaso de jugo de fruta o media taza de té de fruta picada, enlatada o en compota.

• *4to. Grupo: leche, yogur y quesos.*

Estos alimentos contienen mucho calcio y proporcionan proteínas, vitaminas y minerales. Se recomienda consumir de dos a tres porciones por día (para los niños es conveniente aumentar esa cifra). Una porción: una taza de té de leche o yogur.

• *5to. Grupo: carnes, aves, pescados, huevos y nueces.*

Este grupo proporciona grandes cantidades de proteínas, vitamina B, hierro y zinc. Se recomienda consumir dos o tres porciones por día (cada porción debe pesar unos 30 gramos de carne magra o hasta 100 gr. de pescado).

• *6to. Grupo: grasas, aceites y dulces.*

La punta de la pirámide la constituyen alimentos que en términos de nutrición no ofrecen nada. Todas la personas pueden tolerar un poco de ellos, pero la gran mayoría come demasiadas grasas y azúcar, olvidando los grupos importantes que constituyen el noventa y nueve por ciento de los cimientos de la pirámide. Se recomienda limitar el consumo de aderezos, aceites, cremas, manteca, margarina, azúcares, gaseosas, dulces y postres.

• Siempre comer una variedad de alimentos de los cinco grupos da energía a lo largo de la jornada.

Para tener en cuenta

Qué son las calorías

Caloría significa la medición de comida como energía. Cuántas más calorías se consumen, más energía se suministra al cuerpo. Todos los alimentos contienen calorías, eso sí, algunos más que otros.

Una dieta ideal es aquella que implica ingerir la cantidad de energía de alimentos (las dichosas calorías) que el cuerpo de cada persona necesita: ni más ni menos.

Es muy fácil comer más calorías que las que necesitamos, que es la causa del aumento de peso. Por otro lado, comer menos calorías de las que el cuerpo necesita, puede ser la causa de una pérdida de peso.

Cuántas calorías son las necesarias

Cantidad de calorías que se deben consumir diariamente:
• Mujeres sedentarias y adultos mayores: 1.600 calorías.
• Niños, mujeres adolescentes y hombres sedentarios: 2.200 calorías.
• Varones adolescentes, hombres y mujeres activas: 2.800 calorías.

Ejemplos de menúes para los distintos niveles calóricos:
• *1.600 calorías*

Desayuno: un vaso de leche descremada, una porción de cereales, una tostada de pan de molde con mermelada y una banana.

Almuerzo: una pechuga de pollo con ensalada de lechuga, tomate y zanahoria, dos rebanadas de pan.

Media tarde: una manzana.

Cena: una ensalada de vegetales variados, una porción de pescado al vapor o a la parrilla y una porción de arroz. Una pera de postre.
• *2.200 calorías*

Desayuno: un vaso de leche descremada, una tostada de pan de molde con miel y una fruta a elección.

Almuerzo: una hamburguesa casera con ensalada verde (lechuga, radicheta, apio y pepino).

Media tarde: un yogur descremado.

Cena: una ensalada capresse (tomate, mozzarella y albahaca), una porción de spaguetti con salsa de tomates y camarones. Una tajada de melón de postre.
• *2.800 calorías*

Desayuno: un vaso de jugo de naranja, un vaso de leche descremada, una porción de cereales con pasas de uva, una factura.

Almuerzo: ensalada de lentejas y huevo duro, y dos porciones de pizza de mozzarella. Una manzana de postre.

Media tarde: un yogur con frutas y tres galletitas dulces.

Cena: un cuarto de pollo frito con puré de papa o un cuarto de pollo a la parrilla con papas fritas, una porción de arroz integral. Una naranja de postre.

Qué son los carbohidratos

Los alimentos que se consumen, sin excepción, están compuestos por tres macronutrientes: carbohidratos, proteínas y grasas. Los tres son necesarios para que el cuerpo funcione correctamente, pero en proporciones distintas: 55 a 60 % de carbohidratos, 10 a 15% de proteínas y menos de 30 % de grasas. Si se siguen las normas de la pirámide alimentaria, automáticamente se cumplen estas proporciones.

Un carbohidrato es un compuesto de carbono, hidrógeno y oxígeno. Los más comunes se conocen como azúcares simples (mermeladas, jaleas, miel, jarabes, azúcar de mesa, caramelos, gaseosas, frutas, jugos de fruta).

Cuando se combinan algunos de estos azúcares simples se forman moléculas que reciben el nombre de carbohidratos complejos.

Los carbohidratos complejos provenientes de las plantas se llaman almidones y se encuentran en alimentos como los cereales, los vegetales, los panes y las legumbres.

Hay que prestar atención a la calidad de los carbohidratos. Los azúcares simples ofrecen muy pocos nutrientes, pero le dan al cuerpo energía y calorías. Con moderación, no es malo para nuestra salud consumirlos. El problema es atiborrarse de ellos, lo que casi siempre nos lleva a dejar de lado otros alimentos más saludables.

Una aclaración: las frutas y sus jugos si bien contienen un azúcar simple, esta es de un tipo natural (fructosa) que aporta vitaminas y minerales.

Todo sobre las grasas

Las grasas se originan de distintas maneras y algunas son más dañinas para la salud que otras, pero no hay que olvidar que cumplen una función vital en el cuerpo humano: proporcionan la energía almacenada, retienen y ponen en circulación las vitaminas solubles en grasas y crean una capa de aislamiento debajo de la piel.

Es necesario prestar atención al tipo de grasa que se consume:

• Triglicérido: es una denominación genérica que se utiliza para designar la principal forma de grasa que se encuentra en los alimentos. Existen varios tipos de triglicéridos (de acuerdo a la composición de ácidos grasos): saturado, monoinsaturado o poliinsaturado.

• Grasas monoinsaturadas: están presentes en los aceite de oliva y de maní.

• Grasas poliinsaturadas: están presentes en la mayonesa y en los aceites de maíz y de girasol.

• Grasas saturadas: son las que elevan el nivel de colesterol en la sangre y están presente en las carnes rojas y blancas, y en los productos lácteos de leche entera.

Consumidas en exceso, todos los tipos de grasas pueden ocasionar una serie de problemas en nuestra salud, como así también son causa del aumento de peso.

Si bien los alimentos bajos y libres de grasas son muy buenos para la dieta diaria, ésta debe incluir algún tipo de grasa, ya que su ausencia total también es peligrosa para la salud.

CONSEJOS PARA REDUCIR EL CONSUMO DE GRASA

• Elegir siempre los productos lácteos bajos en grasas: leche y yogures descremados, crema light y quesos bajos en calorías.
• Evitar las frituras y cocinar al vapor, a la parrilla o en el horno con muy poco aceite o utilizando rocío vegetal.
• Cuando se consume pollo, retirarle la piel y la grasa.
• Limitar el consumo de carnes rojas y cocinarlas desgrasadas.
• Eliminar de la dieta los fiambres y los embutidos.
• Preferir la margarina y los quesos blancos bajos en grasas, a los comunes.
• Reemplazar la mayonesa común por la de soja.

¿MANTECA O MARGARINA?

La manteca/mantequilla está cargada de grasas saturadas y la margarina de ácidos grasos trans. Las dos contienen grasas que saturan las arterias, pero la manteca en mucha mayor medida. Por lo que es conveniente consumir margarina y de preferencia, del tipo untable y baja en grasas. La manteca debe ser consumida con mucha moderación.

Qué son las proteínas

Las proteínas son componentes formados por carbono, hidrógeno, oxígeno y nitrógeno, y dispuestas en grupos de aminoácidos. No solamente se encuentran en los alimentos, sino que están en todo el cuerpo humano. Los órganos, huesos, tejidos, cartílagos, cabellos, uñas dientes y piel están hechos con proteínas.

Las enzimas, los anticuerpos, la hemoglobina y la mayoría de las hormonas son proteínas.

Los aminoácidos son las bases que construyen las proteínas, y son necesarias para todas las funciones del cuerpo humano.

Vitaminas y minerales

Hemos hablado de los carbohidratos macronutrientes, las grasas y las proteínas. Las vitaminas y los minerales son los micronutrientes que se encuentran en los macronutrientes.

Cuando se come carbohidratos, proteínas y grasas, éstos proveen al cuerpo trece vitaminas y, por lo menos, veintidós de los minerales necesarios para el funcionamiento óptimo del organismo.

Las vitaminas solubles en agua (ocho vitaminas del complejo B y la vitamina C) se disuelven fácilmente en los fluidos corporales acuosos. El exceso se elimina generalmente por medio de la orina.

Las vitaminas solubles en grasa (A,D,E y K), no se diluyen en agua y se almacenan en la grasa del cuerpo. Es por esto que las vitaminas pueden acumularse en los tejidos y convertirse en tóxicas si se consumen fuertes dosis suplementarias.

De los ya citados 22 minerales esenciales para el cuerpo humano (que efectúan un gran número de funciones vitales), dos de los más importantes son el calcio y el hierro. Fuentes del primero son la leche y los productos lácteos, vegetales (zanahoria), frutas (naranja), los huevos y el tofu, entre otros; y del segundo, las carnes rojas, el pollo y el hígado, entre otros.

Para cocinar saludablemente

• Cocinar con un método bajo en grasas o, directamente, sin nada de ellas: al vapor, a la parrilla y en el horno o en el microondas con poco aceite.
• Olvidarse de las frituras.

- Utilizar sartenes, cacerolas y moldes antiadherentes, que permiten saltear con un mínimo de grasa.
- Reemplazar el aceite para lubricar sartenes, cacerolas y moldes por rocío vegetal.
- Los quesos reducidos o sin grasas, no se funden tan fácilmente como los comunes. Tenerlo en cuenta y rallarlos o cortarlos en láminas finas.
- Desgrasar las carnes antes de cocinarlas.
- Eliminar y desechar la grasa visible de las sopas calientes, estofados y guisos, o una vez fríos, quitar la grasa sólida que se forma en la superficie.
- Usar los vegetales cocidos y hechos purés o tofu como métodos para espesar sopas y salsas en lugar de utilizar crema, yemas de huevo o un roux de manteca y harina.
- Cuando sea necesario utilizar grasas, preferir las más saludables. El aceite de oliva es el más indicado.
- Cuando la receta exija el uso de nueces, coco, chocolate, panceta y otros alimentos muy grasosos, reduzca la cantidad a la mitad de la indicada.
- Si el azúcar es el endulzante principal en una preparación no horneada, disminuya la cantidad en un veinticinco por ciento. Añadiendo canela, pimienta o nuez moscada, se incrementa el sabor dulce sin aumentar las calorías.
- En los postres horneados, agregue puré de fruta en lugar de grasa. Las altas concentraciones de endulzantes naturales en el puré de fruta permiten conservar la humedad durante la cocción, reemplazando a la perfección a la grasa indicada.
- Batir las claras de huevo hasta que se formen picos suaves antes de incorporarlos a los alimentos que se hornearán, lo que permitirá aumentar su volumen y su suavidad.

Para no perder las propiedades de los alimentos

Cuando se cocinan en exceso los alimentos se comete un verdadero crimen, que teniendo en cuenta los conocimientos actuales de nutrición es imperdonable: eliminamos las preciosas vitaminas.

La ciencia de la nutrición nos ha enseñado que son muchos los alimentos cuyo consumo beneficia nuestra salud. Y esto es así, porque contienen nutrientes indispensables para el cuerpo humano. Entre ellos, quizás los más importantes sean las vitaminas.

Poco nos sirve conocer las propiedades de los alimentos de nuestra dieta, eligiéndolos por su riqueza nutricional, si la destruimos al cocinarlos con un método equivocado. Nos referimos, concretamente, a las largas cocciones que hacen que un alimento saludable se convierta en uno inocuo. Con excepción de las del grupo B, las demás vitaminas sufren con las altas temperaturas. Pero tampoco no hay que olvidar que todos los productos vegetales y animales padecen al entrar en contacto con el aire. Es lo que se conoce como oxidación, patente en las manzanas y en las paltas/aguacates recién pelados cuando se oscurecen. Ocurre que el oxígeno del aire se combina con las moléculas orgánicas (en especial las vitaminas), lo que las lleva a perder sus propiedades y a descomponerse en forma rápida y progresiva.

Por todo lo expuesto, se desprende la importancia que tiene la correcta preparación y la manipulación de los alimentos.

La cocción de los alimentos

Las verduras y hortalizas, de ser posible, es preferible consumirlas sin ningún tipo de cocción. No ocurre lo mismo con las carnes rojas, las carnes blancas y el pescado.

Curiosamente dos famosos platos de la "alta cocina" son de carnes sin ningún tipo de cocción: el carpaccio y el ceviche. El primero se trata de finas láminas de carne magra y tierna aderezadas con alcaparras, aceite de oliva y queso parmesano. Por su parte, el ceviche es un plato emblemático de la cocina peruana y consiste en filetes de pescado que se maceran con mucho jugo de limón, cebolla, ají y especias. Ambos platos se consumen sin cocinarlos. Pero son excepciones a la regla general que señala la obligatoriedad de cocinar todas las carnes, por razones de higiene y salud.

También hay que tener en cuenta que las verduras pierden muchas de sus propiedades en la cocción y cuando son peladas. De ser posible, lo ideal es consumirlas con su cáscara o piel, o al menos cocinarlas sin pelar-

---

EL MICROONDAS Y LA OLLA A PRESIÓN

A pesar de no gozar de buena fama, estudios recientes han podido confirmar que el microondas no destruye más vitaminas ni nutrientes que el horno convencional.

Algo parecido ocurre con la olla a presión: no destruye más vitaminas que la cocción en una cacerola común.

las (papa, remolacha, batata) o no retirarlas cuando se las consume (pepino, zanahoria, morrones) lo que preservará toda la riqueza nutricional.

A tener en cuenta en el momento de cocinar

Es erróneo el concepto tan generalizado de que cuanto más alto es la temperatura con que se cocinan los alimentos, más se destruyen los nutrientes. Está científicamente comprobado que, en el caso de la espinaca, si las cocciones alcanza los sesenta y seis grados centígrados, se eliminan el noventa por ciento de las vitaminas. Si se las cocina a noventa y cinco grados centígrados, sólo se eliminan el dieciocho por ciento de las vitaminas. Ocurre que entre los cincuenta y sesenta grados centígrados, las enzimas (causantes de la descomposición de las vitaminas) tienen más actividad, mientras que superando los setenta grados se inhiben por el calor. La destrucción de las vitaminas será mayor cuanto más largo sea el tiempo de la cocción. Esta es la razón por las que las nuevas corrientes culinarias recomiendan breves cocciones para las verduras.

Otro error generalizado es desechar el líquido de cocción de los alimentos, olvidando que las vitaminas y los nutrientes se traspasan al agua donde se los cocinó, lo que la convierte en un ingrediente maravilloso para la confección de sopas y salsas.

Reglas de oro para conservar las propiedades de los distintos alimentos
• Legumbres.
  Es indispensable ponerlas en remojo, por lo menos, ocho horas. Desechar el agua del remojo y cocinarlas con fuego bajo. Salar una vez terminada la cocción.
• Verduras de hoja.
  Cocción rápida en agua.
• Hortalizas.
  Se las puede hervir o cocinarlas al vapor. Prestar atención a los tiempos, que deben ser los más breves posibles.
• Arroz.
  Tiene un tiempo determinado de cocción; no pasarlo ni retirar antes.
• Cereales.
  Iguales casos que el arroz. Es esencial conocer el tiempo de cocción de cada uno, ya que difieren notoriamente según de que variedad se trate.
• Pastas.
  Lo ideal es servirlas al "dente"; es decir, cocinadas pero firmes.
• Carnes rojas.

Asarlas en una parrilla es el método ideal para cocinarlas. Si bien se crea una costra en la superficie, se desgrasan durante la cocción.

* Pollo y otras carnes blancas.
Igual que el caso de las carnes rojas, lo más convenientes es asarlas en la parrilla. No olvidar retirar la piel y la grasa, ya que lo único que aportan es colesterol.
* Pescado.
La mejor manera de cocinarlo es hervirlo, para aprovechar todos sus nutrientes en el caldo resultante.

Los poderes curativos de los alimentos

Los alimentos que consumimos diariamente poseen asombrosas propiedades curativas que no hacen más que verificar la teoría de Hipócrates: "Que tu alimento sea tu medicina y que tu medicina sea tu alimento".

Sin importar el estilo de vida que llevemos, es muy fácil introducir algunos simples cambios en nuestra dieta diaria, que nos permitirá consumir alimentos beneficiosos para la salud.

Dentro de nuestras posibilidades, es importante dejar de lado las comidas pre cocinadas (que carecen de nutrientes suficientes), para optar por una gran galería de productos frescos y variados, con los cuales se pueden preparar coloridos y sabrosos platos.

Verduras y hierbas

* Ajo: bactericida, antiséptico, antivírico, descongestivo, reduce el colesterol y es el más importante antibiótico de la naturaleza.
* Apio: anticancerígeno, reduce la presión arterial, alivia los dolores de cabeza, facilita la digestión, evita la fermentación, es bueno para la artirtis y para los dolores en las articulaciones.
* Alcaucil/alcachofa: diurético y digestivo, fortalece y limpia el hígado, ayuda a promover la secreción de bilis y disminuye el colesterol.
* Batata: expectorante, cura los dolores de garganta y ayuda a segregar los jugos gástricos.
* Berenjena: limpia la sangre, previene apoplejías y hemorragias y protege las arterias afectadas por el colesterol.
* Berro: diurético, estimula la tiroides, depura la sangre y ayuda a eliminar la flema.
* Brócoli: propiedades anticancerígenas, antioxidante, fuente de fibra,

antivírico y estimulante del hígado.

- Calabaza: alivia las molestias de la acidosis del hígado y de la sangre.
- Cebolla: antiséptica, antiespasmódica, antibiótica, ayuda a reducir los espasmos del asma y tiene propiedades desintoxicantes.
- Coliflor: anticancerígeno y antioxidante. Purifica la sangre y es muy bueno para las encías que sangran, la presión alta y los trastornos de los riñones y de la vesícula.
- Espinaca: propiedades anticancerígenas, ayuda a regular la presión sanguínea, estimula el sistema inmunológico y potencia la fortaleza de los huesos.
- Hinojo: antiespasmódico, alivia los dolores de estómago, ayuda a digerir muy bien las grasas.
- Lechuga: antiespasmódica y ayuda a fortalecer los huesos, las aticulaciones y las arterias.
- Nabo: consumido crudo ayuda a digerir y limpia los dientes.
- Pepino: laxante, diurético, facilita la digestión, regula la presión arterial y ayuda a disolver las piedras de los riñones y de la vesícula.
- Perejil: depura la sangre, ayuda a eliminar las piedras de los riñones y a reducir los coagulantes de las venas.
- Pimiento/morrón: bactericida, normaliza la presión arterial, mejora el sistema circulatorio y estimula la secreción de jugos gástricos y de la saliva.
- Puerro: diurético, depurativo y elimina el ácido úrico en caso de padecer gota.
- Rabanitos: expectorantes, curan los dolores de garganta y ayudan a segregar los jugos gástricos.
- Remolacha: limpia el intestino, elimina las piedras de los riñones, renueva la sangre y desintoxica el hígado y la vesícula biliar.
- Repollito de Bruselas/col: antioxidante, anticancerígeno, bactericida, antivírico y colabora con las funciones del páncreas.
- Repollo/col: anticancerígeno y antioxidante. Consumido crudo mejora la digestión, estimula el sistema inmunológico, mata las bacterias y los virus.
- Tomate: antiséptico por excelencia, consumido crudo reduce la inflamación del hígado.
- Zanahoria: colabora con la salud del hígado y del tracto digestivo y mata las bacterias y los virus.

Legumbres
- Arvejas/guisantes: fuente de proteína vegetal, tonifican el estómago y

colaboran para el buen funcionamiento del hígado.
- Garbanzos: ayudan al buen funcionamiento de los riñones y del aparato digestivo.
- Lentejas: una importante fuente de minerales para el organismo, para colaborar a neutralizar los ácidos que producen los músculos.
- Porotos colorados/alubias: limpian el aparato digestivo, aumentan las bacterias beneficiosas y eliminan el exceso de colesterol.

Cereales y granos
- Alfalfa: calma las inflamaciones. Estimula la actividad sexual y posee efectos desintoxicantes.
- Arroz: gran fuente de proteínas para una dieta vegetariana.
- Arroz integral: tiene efectos calmantes para el sistema nervioso y alivia la depresión.
- Avena: antioxidante. Contiene mucha fibra, tiene efectos laxantes, estimula el aparato digestivo y fortalece los huesos.
- Cebada: es buena para el hígado y para el aparato digestivo, disminuye el colesterol y sana la úlceras gástricas.
- Centeno: limpia las arterias y tiene efectos beneficiosos para el hígado y para el aparato digestivo.
- Quinoa: no tiene gluten, contiene lisina y es antivírico, facilita la secreción de leche durante la maternidad y es una importante fuente de proteína vegetal.
- Maíz: anticancerígeno, fuente de grasas esenciales y muy bueno para el cerebro y para el sistema nervioso.
- Mijo: no contiene gluten, pero sí mucha fibra y facilita la digestión.
- Soja: un gran alimento que contiene todos los aminoácidos, poderoso fitoestrógeno, previene el cáncer de mama y de ovarios y ayuda a controlar el colesterol.
- Trigo: elimina las toxinas, y tiene efectos estimulantes para el hígado.

Especias y condimentos
- Jengibre: ayuda a mejorar la circulación, antiespasmódico y tiene efectos calmantes para los dolores menstruales.
- Pimienta: antioxidante, bactericida y estimula la digestión.

Frutos secos y semillas
- Almendras: fuente de proteínas y es un importante reconstituyente para aquellos que deban subir de peso.

- Nueces: efectos beneficiosos para los riñones, los pulmones y el aparato digestivo y mejora el metabolismo.
- Piñones: fuente de proteínas y de grasas esenciales.
- Semillas de calabaza/pipas: efecto beneficioso para la próstata y ayuda a eliminar los parásitos del intestino.
- Semillas de girasol/pipas: importante fuente de nutrientes, elimina las toxinas, fortalece la visión y colabora para reducir la sensibilidad a la luz.

Frutas
- Arándanos: antioxidantes, laxantes, depurativos para la sangre y tiene efectos beneficiosos para la circulación y para la visión.
- Ananá/piña: ayuda a eliminar las bacterias y los parásitos y puede llegar a perjudicar el esmalte dental.
- Banana/plátano: efectos laxantes, eficaz contra el insomnio, antibiótico natural, baja el colesterol y ayuda a eliminar los metales tóxicos del organismo.
- Cerezas: antiséptico natural, antiespasmódicas y calman los dolores de cabeza.
- Ciruelas: laxantes, bajan el colesterol, efectos beneficiosos para la sangre, el cerebro y el sistema nervioso.
- Coco: colabora a regular las funciones de la tiroides.
- Damasco/albaricoque: efectos laxantes, antioxidante y endulzante natural.
- Durazno/melocotón: diurético, laxante, facilita la digestión y colabora con la limpieza de los riñones y de la vesícula biliar.
- Frambuesas: colaboran para expulsar las mucosidades, la flema y las toxinas y calman los dolores menstruales y las náuseas.
- Frutillas/fresas: efectos antivíricos, anticancerígenas y bactericidas.
- Higos: laxantes, activan los intestinos, eliminan las toxinas y aumentan la vitalidad.
- Kiwi: ayuda a eliminar el exceso de sodio del organismo y es una importante fuente de enzimas digestivas.
- Limón: antiséptico, astringente, calma los resfríos, la tos y el dolor de garganta, anticancerígeno y disuelve los cálculos biliares.
- Mango: efectos beneficiosos para los riñones, facilita la digestión y es depurativo de la sangre.
- Manzana: astringente, ayuda a bajar el colesterol, elimina toxinas, alivia los efectos del estreñimiento y reactiva las bacterias del intestino que son beneficiosas para el organismo.
- Melón: rehidratante por su alto contenido de agua y gran depurativo.

- Naranja: antiséptica y tiene efectos tonificantes y depurativos.
- Palta/aguacate: tiene efectos beneficiosos para la sangre y previene la anemia y facilita la digestión.
- Pera: colabora en la eliminación de toxinas, diurética y tiene efectos beneficiosos para las funciones de la tiroides.
- Pomelo: ayuda a calmar la artritis y tiene efectos beneficiosos para el sistema cardiovascular y depura la sangre.

Alimentos de origen animal
- Arenque: depurativo de la sangre y tiene efectos beneficiosos para el sistema cardiovascular.
- Atún: tiene efectos beneficiosos para la piel y para los sistemas hormonal y cardiovascular.
- Aves de caza (codorniz, perdiz, faisán, pato): fuentes de energías y colaboran con el buen funcionamiento del sistema inmunológico.
- Caballa: colabora con el equilibrio de las hormonas y tiene efectos beneficiosos para los sistemas cardiovascular e inmunológico.
- Pollo: colabora en la eliminación de las mucosidades y tiene un leve efecto antibiótico.
- Ostras: tienen efectos beneficiosos para los sistemas cardiovacular e inmunológico y estimula la actividad sexual.
- Salmón: colabora para un buen funcionamiento hormonal y tiene efectos beneficiosos para la piel, el sistema inmunológico, los huesos y los dientes.

Otros alimentos
- Aceitunas: tienen efectos beneficiosos para hígado y para la vesícula biliar y son muy fáciles de digerir.
- Algas: gran fuente de minerales y tienen efectos beneficiosos para los sistemas nervioso y cardiovascular, facilitan la digestión y eliminan toxinas.
- Champiñones: anticancerígenos, bajan el colesterol y tienen efectos beneficiosos para el sistema inmunológico.
- Huevos: fortalecen y tonifican los huesos y las articulaciones, estimulan el sistema inmunológico y son un gran alimento energético.
- Palmitos: bactericida y tienen efectos beneficiosos para la piel y para el sistema hormonal.
- Tofu: anticancerígeno, importante fuente de proteínas para la dieta vegetariana, baja el colesterol y equilibra las hormonas.

La energía de los alimentos

Los alimentos que consumimos son la fuente de la energía que se necesita para las funciones del organismo. De allí la importancia de conocerlos.

Hay tres tipos distintos de alimentos energéticos:
* Clase A: los más eficaces.
* Clase B: los que aportan buenas dosis de energía.
* Clase C: los que aportan dosis ligeras de energía, que dura poco.

Cuando se necesite más energía, hay que consumir pequeñas raciones de comida que contengan carbohidratos de las clases A o B y proteínas.

Alimentos clase A:
* Carbohidratos complejos (avena, cebada, arroz integral, mijo, pan integral, pan de centeno y pan de maíz).
* Verduras (brócoli, coliflor, repollito de Bruselas/col, champiñones, nabo, zanahoria, espárragos, alcauciles/alcachofas y espinaca).
* Frutas (palta/aguacate, manzana, pera, ananá, frutillas/fresas, frambuesas y cerezas).
* Proteínas (salmón, atún, arenque, caballa, algas, huevos, tofu, nueces, semillas de girasol/pipas y de calabaza, brotes de cereales y legumbres, porotos/alubias, garbanzos, lentejas y soja).

Alimentos clase B:
* Carbohidratos complejos (arroz, arroz integral y pan de avena).
* Verduras (papa/patata, batata, maíz, calabaza, remolacha, pimiento/morrón, berro y lechuga).
* Frutas (durazno, damasco, mango y banana).
* Proteínas (porotos negros/alubias y colorados, arvejas/guisantes, almendras, pollo, aves de caza, pavo, ciervo, yogur, quesos blandos y pescados).

Alimentos clase C:
* Carbohidratos procesados (pastas, pan y fideos de arroz).
* Verduras (tomate, pepino y zuchini).
* Frutas (ciruelas, uvas, higos y ciruelas secas).
* Proteínas (quesos duros, leche y carnes rojas).

SEGUNDA PARTE

RECETAS

Sopas

PARA BAJAR DE PESO

L as sopas pueden ser un alimento completo, ideal para los días de invierno, cuando el cuerpo exige una plato caliente y nutritivo. Durante muchos años el prestigio de las sopas no fue muy bueno. Se les asignaba, invariablemente, un alto contenido calórico, lo que las hacía enemigas de cualquier dieta de adelgazamiento. La cocina moderna posibilitó un nuevo enfoque, creando nuevas recetas de sopas de bajas calorías, livianas pero nutritivas, resaltando el sabor de los vegetales y de las hierbas aromáticas.

Hasta nos hemos permitido la inclusión de recetas de algunas sopas cremas, reemplazando esta última por leche descremada con una cucharadita de fécula de maíz, logrando un resultado exquisito.

Algunos consejos para desgrasar los caldos de vegetales o de pollo

Muchas de las recetas de otros capítulos de este libro incluyen como ingredientes caldos desgrasados. No están de más algunos simples consejos para lograr un caldo totalmente desgrasado:

Retirar con la espumadera las grasas al momento de hervir, esperar cinco minutos y volver a desgrasar. Continuar a intervalos de cinco minutos, hasta que termine la cocción.

Después de colar la sopa y de obtener el caldo, llevar a ebullición nuevamente y volver a desgrasar. De esta manera, tendremos la seguridad de haber obtenido un caldo libre de grasas.

Sopa de pollo y arroz

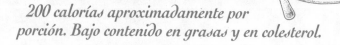

200 calorías aproximadamente por porción. Bajo contenido en grasas y en colesterol.

INGREDIENTES:

Dos pechugas de pollo de 140 gr. (cada una, deshuesadas y sin piel, cortadas en juliana (tiras delgadas).
Una taza de arroz hervido.
Ocho tazas de caldo de vegetales o de pollo, desgrasado.
Un huevo batido.
Una pizca de sal.
Pimienta negra recién molida.

PREPARACIÓN:

1) Poner a hervir el caldo a fuego medio. Condimentar con sal y pimienta la juliana de pollo y agregarla al caldo. Cocinar veinte minutos.

2) Añadir el arroz, bajar el fuego a mínimo y cocinar cinco minutos más.

3) Incorporar el huevo batido, sin dejar de revolver. Cocinar tres minutos más y servir bien caliente.

Sopa de cebollas

250 calorías aproximadamente por porción. Bajo contenido en grasas y en colesterol.

INGREDIENTES:

Cuatro cebollas picadas.
Cuatro tazas de caldo de vegetales desgrasado.
Una taza de leche descremada.
Una cucharadita de fécula de maíz.
Rocío vegetal.
Cuatro cucharaditas de queso rallado.
Una pizca de sal.
Pimienta blanca molida.

PREPARACIÓN:

1) Calentar el rocío vegetal en una cacerola a fuego medio. Saltear las cebollas tres minutos, condimentar con sal y pimienta y agregar el caldo. Bajar el fuego a mínimo y cocinar media hora con la cacerola tapada.
2) Disolver la fécula de maíz en el vaso de leche descremada y agregarlo a la sopa. Cocinar diez minutos más.
3) Añadir el queso rallado, mezclar bien y servir bien caliente.

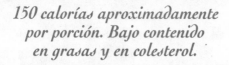

Sopa de tomates

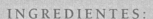

*150 calorías aproximadamente
por porción. Bajo contenido
en grasas y en colesterol.*

INGREDIENTES:

Cuatro tomates.
Una cebolla chica picada.
Medio pimiento/ají verde picado.
Un diente de ajo picado.
Medio vaso de puré de tomates.
Cuatro tazas de agua.
Una cucharada de ciboulette/cebollino picado.
Rocío vegetal.
Una pizca de sal.
Pimienta negra recién molida.

PREPARACIÓN:

1) Sumergir los tomates dos minutos en agua hirviendo y luego pasarlos por agua fría, para poder pelarlos fácilmente. Picarlos y reservar.

2) Calentar el rocío vegetal en una cacerola a fuego mediano. Saltear la cebolla, el pimiento y el ajo, tres minutos. Agregar los tomates picados y condimentar con sal y pimienta. Añadir el litro de agua y el puré de tomates y cocinar media hora con la cacerola tapada.

3) Licuar o procesar la sopa, volver a calentarla y servirla de inmediato, espolvoreando con el ciboulette picado.

Sopa de zanahorias y puerros

200 calorías aproximadamente por porción.
Bajo contenido en grasas y en colesterol.

INGREDIENTES:

Una zanahoria picada.
Dos puerros sin las puntas, picados.
Cuatro tazas de caldo de vegetales desgrasado.
Una cucharada de perejil picado.
Rocío vegetal.
Una pizca de sal.
Pimienta blanca molida.

PREPARACIÓN:

1) Calentar el rocío vegetal en una cacerola a fuego mediano. Saltear la zanahoria y los puerros tres minutos. Condimentar con sal y pimienta, agregar el caldo y cocinar media hora con la cacerola tapada.
2) Espolvorear con el perejil picado y servir bien caliente.

Sopa de maíz

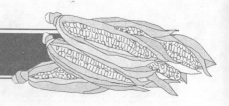

250 calorías aproximadamente por porción.
Bajo contenido en grasas y en colesterol.

INGREDIENTES:

Una lata –300 gr. – de maíz/choclo cremoso.
Cuatro tazas de caldo de pollo, desgrasado.
Dos cebollas de verdeo con las puntas, picadas.
Una cucharadita de jengibre rallado.
Un huevo batido.
Una pizca de sal.
Pimienta blanca molida.

PREPARACIÓN:

1) Licuar o procesar el choclo con el caldo. Calentarlo en una cacerola a fuego mediano.
2) Añadir las cebollas de verdeo y condimentar con el jengibre, la pizca de sal y la pimienta. Cocinar veinte minutos con la cacerola tapada
3) Incorporar el huevo batido, sin dejar de revolver. Cocinar tres minutos más y servir bien caliente.

Sopa de coliflor

100 calorías aproximadamente por porción. Bajo contenido en grasas y en colesterol.

INGREDIENTES:

200 gr. de ramitos de coliflor.
Tres tazas de agua.
Tres tazas de caldo de vegetales desgrasado.
Cuatro cucharadas de yogur descremado de sabor natural.
Una cucharada de perejil picado.
Una pizca de sal
Pimienta blanca molida.

PREPARACIÓN:

1) Colocar en una cacerola el agua, el caldo y el coliflor. Condimentar con una pizca de sal y pimienta y cocinar con fuego mediano por veinte minutos.
2) Licuar o procesar la sopa, agregar el yogur y calentarla a fuego mínimo por tres minutos. Servir bien caliente, espolvoreando con el perejil picado.

Sopa de invierno

*300 calorías aproximadamente
por porción. Moderado contenido
en grasas y en colesterol.*

INGREDIENTES:

*300 gr. de carne de ternera magra, desgrasada y cortada
en cubos.
Un zuchinni/zapallito largo cortado en rodajas.
Una zanahoria cortada en rodajas.
Dos papas cortadas en rodajas.
Una cebolla cortada en rodajas.
Dos ramas de apio cortadas en rodajas.
Una pizca de sal.
Pimienta negra recién molida.*

PREPARACIÓN:

1) Colocar los vegetales y la carne en una cacerola con abundante agua. Condimentar con una pizca de sal y cocinar con la
cacerola tapada por media hora, desgrasando con espumadera
constantemente.
2) Servir la sopa bien caliente, perfumando con pimienta negra
recién molida.

Sopa de zuchinni

180 calorías aproximadamente por porción. Bajo contenido en grasas y en colesterol.

INGREDIENTES:

400 gr. de zapallitos largos/zuchinni picados.
Una cebolla picada.
Un diente de ajo picado.
Cuatro tazas de caldo de vegetales, desgrasado.
Cuatro cucharadas de crema de leche/nata.
Rocío vegetal.
Una cucharada de ciboulette/cebollino picado.
Una pizca de sal.
Pimienta blanca molida.

PREPARACIÓN:

1) Calentar el rocío vegetal a fuego mediano. Saltear la cebolla y el ajo tres minutos. Agregar el caldo y los zuchinni picados y condimentar con una pizca de sal y pimienta. Bajar el fuego a mínimo y cocinar veinte minutos.
2) Añadir las cuatro cucharadas de nata, mezclar bien y cocinar tres minutos más. Servir bien caliente, espolvoreando con el ciboulette picado.

Sopa de espárragos

150 calorías aproximadamente por porción.
Bajo contenido en grasas y en colesterol.

INGREDIENTES:

Un atado de espárragos verdes.
Dos tazas de caldo de pollo, desgrasado.
Dos tazas de leche descremada.
Una cucharadita de fécula de maíz.
Una cucharada de perejil picado.
Una pizca de sal.
Pimienta negra recién molida.

PREPARACIÓN:

1) Deshechar los tallos duros de los espárragos y cortarlos en trozos chicos.

2) Calentar el caldo en una cacerola a fuego mediano. Añadir los espárragos, condimentar con una pizca de sal y pimienta y cocinar quince minutos.

3) Disolver la fécula de maíz en la leche descremada y agregar a la cacerola. Cocinar cinco minutos más y servir bien caliente, espolvoreando con el perejil picado.

Vegetales

PARA BAJAR DE PESO

L as verduras constituyen el más variado de los recursos de la alimentación humana. Están presentes en nuestra mesa durante todo el año sólo debemos tener el cuidado de seleccionar e incluir en todas las dietas las más adecuadas de cada temporada. Crudas o con delicadas cocciones, son la base de la alimentación. Poniendo atención en el recuento de calorías, son utilizadas en todo tipo de tratamiento para adelgazar.

La clasificación de las verduras de las recetas de este capítulo y algunas de sus características más salientes son:

Verduras de hoja: alcauciles/alcachofas, espinacas y acelgas. Fácilmente digestibles y ricas en vitaminas y sales minerales. La limpieza de estas verduras de hoja debe ser muy cuidadosa.

Raíces y bulbos: cebolla, cebolla de verdeo, puerro, zuchinni, ajo, hinojo y zanahorias. Ricas en toda clase de vitaminas y minerales.

Verduras de tallo y ensalada: apio, lechuga y escarola. Son de fácil digestión, e ideales para consumirlas crudas.

Verduras de verano y primavera (que en la actualidad se consiguen casi todas todo el año): berenjena, tomate, espárrago, arvejas/guisantes, chauchas/judías, pimientos, pepino y remolacha. Indispensables para la alimentación y muy nutritivas.

Ensalada de brotes de soja, zanahoria y radichetta

170 calorías aproximadamente por porción. Bajo contenido en grasas y en colesterol.

INGREDIENTES:

250 gr. de brotes
de soja.
Dos zanahorias ralladas.
Dos atados de radichetta, las
hojas limpias y separadas,
cortadas en juliana.
Una cucharada de
semillas/pipas de sésamo/
ajonjolí.

ADEREZO:

Cuatro cucharadas de aceite
de oliva.
Dos cucharadas de jugo de
limón.
Una pizca de sal.
Pimienta negra recién molida.

PREPARACIÓN:

1) Mezclar los ingredientes de la ensalada y colocarlos en platos individuales.
2) Batir el aceite de oliva con el jugo de limón, una pizca de sal y pimienta negra recién molida.
3) Agregar el aderezo a la ensalada y servir de inmediato.

Ensalada California

200 calorías aproximadamente por porción.
Bajo contenido en grasas y en colesterol.

INGREDIENTES:

Media planta de lechuga.
Cuatro rodajas de ananá/piña
en almíbar diet.
200 gr. de flores o coronas de coliflor hervidas por diez minutos.
200 gr. de chauchas/ judías redondas sin el hilo y hervidas por
diez minutos.
Una naranja pelada, con los gajos
separados sin semillas ni ollejo.

ADEREZO:

Dos cucharadas de mayonesa
de soja.
Dos cucharadas de yogur
descremado de sabor natural.
Una cucharada de jugo/zumo
de limón.
Una cucharada de jugo/zumo
de naranja.
Pimienta negra recién molida.

PREPARACIÓN:

1) Servir la ensalada en platos individuales. Colocar en la base
hojas de lechuga y encima los ingredientes restantes.
2) Mezclar bien la mayonesa de soja, el yogur descremado y los
jugos de naranja y limón. Perfumar con pimienta negra recién
molida.
3) Agregar el aderezo a la ensalada y servir de inmediato.

Ensalada de espinacas y manzanas

200 calorías aproximadas por porción. Bajo contenido en grasas y en colesterol.

INGREDIENTES:

Un atado de espinaca muy tierna, con las hojas separadas y limpias sin el tallo.
Una manzana red deliciosa, con la cáscara y cortada en láminas.
140 gr. de rabanitos, cortados en rodajas finas.
Una cebolla chica cortada en aros.
Dos huevos duros, cortados en cuñas.

ADEREZO:

Cuatro cucharadas de aceite de oliva.
Dos cucharadas de jugo/zumo de limón.
Una pizca de sal.
Pimienta negra recién molida.

PREPARACIÓN:

1) Servir la ensalada en platos individuales. Colocar en la base las hojas de espinaca y encima, los demás ingredientes.
2) Batir el aceite de oliva con el jugo/zumo de limón, una pizca de sal y pimienta negra recién molida.
3) Agregar el aderezo a la ensalada y servir de inmediato.

Ensalada de la huerta

200 calorías aproximadamente por porción. Bajo contenido en grasas y en colesterol.

INGREDIENTES:

Media planta de lechuga con las hojas limpias y separadas.
Un pepino cortado en rodajas finas.
200 gr. de champiñones frescos y limpios, cortados en láminas.
Dos ramas de apio cortadas en rodajas.
Medio pimiento/morrón cortado en juliana.
Medio pimiento/ají verde cortado en juliana.
140 gr. de tomates cherry/cereza cortados en cuartos.
Cuatro flores/coronas de brócoli, hervidas diez minutos.

ADEREZO:

Cuatro cucharadas de aceite de oliva.
Dos cucharadas de jugo/zumo de limón.
Una pizca de sal.
Pimienta negra recién molida.

PREPARACIÓN:

1) Presentar la ensalada en platos individuales, disponiendo en la base hojas de lechuga y en el centro una flor de brócoli, rodeando con los demás vegetales.
2) Batir bien los ingredientes del aderezo y agregarlo a la ensalada. Servir de inmediato.

37

Ensalada Nicoise

200 calorías aproximadamente por porción.
Moderado contenido en grasas y en colesterol.

INGREDIENTES:

100 gr. de chauchas/judías planas sin hilo, hervidas diez minutos y enfriadas.
Dos tomates cortados en rodajas.
Dos huevos duros cortados en cuñas.
Una cebolla cortada en juliana.
Medio pimiento/morrón cortado en juliana.
Medio pimiento/ají verde cortado en juliana.
Una lata chica de atún al natural, escurrido y desmenuzado.
Cuatro aceitunas negras.
Una cucharada de albahaca picada.

ADEREZO:

Tres cucharadas de aceite de oliva.
Una cucharada de jugo/zumo de limón.
Una pizca de sal.
Pimienta negra recién molida.

PREPARACIÓN:

1) Colocar todos los ingredientes de la ensalada, excepto la albahaca picada, en un recipiente grande. Mezclar con cuidado.
2) Batir bien el aceite de oliva con el jugo/zumo de limón, la pizca de sal y la pimienta negra recién molida.
3) Agregar el aderezo a la ensalada, espolvorear con la albahaca picada y servir de inmediato.

Ensalada de repollo y zanahoria

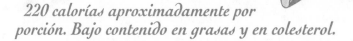

220 calorías aproximadamente por porción. Bajo contenido en grasas y en colesterol.

INGREDIENTES:

Medio repollo/col blanco rallado grueso.
Dos zanahorias ralladas gruesas.
200 gr, de flores/coronas de brócoli, hervidas diez minutos.
100 gr. de queso mozzarella cortado en cubos pequeños.

ADEREZO:

Cuatro cucharadas de aceite de oliva.
Una cucharada de jugo/zumo de 'limón.
Una cucharada de jugo/zumo de naranja.
Una pizca de sal.
Pimienta negra recién molida.

PREPARACIÓN:

1) Mezclar los ingredientes de la ensalada y disponerlos en una fuente para servir.
2) Batir el aceite de oliva con los jugos/zumos de limón y naranja, una pizca de sal y pimienta negra recién molida.
3) Agregar el aderezo a la ensalada y servir de inmediato.

Ensalada tibia de endibias

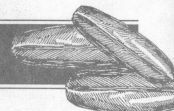

160 calorías aproximadamente por porción.
Bajo contenido en grasas y en colesterol.

INGREDIENTES:

Seis endibias, con las hojas limpias y separadas.
Cuatro cucharadas de jugo/zumo de limón.
Rocío vegetal.
Una pizca de sal.
Pimienta negra recién molida.

PREPARACIÓN:

1) Cortar las hojas de endibias en trozos, agregar el jugo/zumo de limón y mezclar bien.
2) Calentar el rocío vegetal en una sartén grande. Saltear las endibias tres minutos y condimentar con una pizca de sal y pimienta negra recién molida.
3) Escurrir las endibias, dejar enfriar unos minutos y servirlas tibias.

Ensalada de tomates y maíz

200 calorías aproximadamente por porción. Sin contenido en grasas y en colesterol.

INGREDIENTES:

Cuatro tomates cortados en cubos.
140 gr. de granos de choclo-/maíz al natural, escurridos.
Una cebolla de verdeo con las puntas, picada.

ADEREZO:

Tres cucharadas de aceite de oliva.
Unas gotas de aceto/vinagre balsámico o de vinagre de vino tinto.
Una pizca de sal.
Pimienta negra recién molida.

PREPARACIÓN:

1) Colocar los ingredientes de la ensalada en un recipiente grande. Mezclar bien.
2) Batir el aceite de oliva con las gotas de aceto balsámico, la pizca de sal y la pimienta negra recién molida.
3) Agregar el aderezo a la ensalada, volver a mezclar y servir de inmediato.

Ensalada Nizarda

250 calorías aproximadamente por porción. Bajo contenido en grasas y en colesterol.

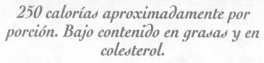

INGREDIENTES:

Dos tomates cortados en rodajas.
Medio pepino cortado en rodajas muy finas.
Ocho rabanitos cortados en rodajas muy finas.
Media planta de lechuga, la hojas limpias y separadas.
Cuatro aceitunas negras.
140 gr. de queso muzzarella cortado en cubos.
Una cucharada de perejil picado.

ADEREZO:

Tres cucharadas de aceite de oliva.
Una cucharada de jugo/zumo de limón.
Una pizca de sal.
Pimienta negra recién molida.

PREPARACIÓN:

1) Colocar todos los ingredientes de la ensalada, menos el perejil picado, en un recipiente grande y mezclar bien.
2) Batir el aceite de oliva con el jugo/zumo de limón, la pizca de sal y la pimienta negra recién molida.
3) Agregar el aderezo a la ensalada, volver a mezclar, espolvorear con el perejil picado y servir de inmediato.

Ensalada de pollo

300 calorías aproximadamente por porción. Bajo contenido en grasas y en colesterol.

INGREDIENTES:

Dos pechugas de pollo hervidas de 140 gr. cada una, deshuesadas y sin piel, cortadas en juliana.

Media planta de lechuga o de escarola, con las hojas separadas y limpias.

Dos tomates cortados en rodajas.

Una cebolla de verdeo picada.

Una cucharada de alcaparras.

ADEREZO:

Tres cucharadas de aceite de oliva.

Una cucharada de jugo/zumo de limón.

Una pizca de sal.

Pimienta negra recién molida.

PREPARACIÓN:

1) Colocar todos los ingredientes de la ensalada en un recipiente y mezclar bien.

2) Batir el aceite de oliva con el jugo/zumo de limón, la pizca de sal y la pimienta negra recién molida.

3) Agregar el aderezo a la ensalada, volver a mezclar y servir de inmediato.

Ensalada italiana

300 calorías aproximadamente por porción. Bajo contenido en grasas y en colesterol.

INGREDIENTES:

200 gramos de queso muzzarella cortado en cubos.
Dos tomates cortados en rodajas.
Una cebolla cortada en juliana.
Una cucharada de albahaca picada.

ADEREZO:

Tres cucharadas de aceite de oliva.
Una gotas de aceto/vinagre balsámico o de vinagre de vino tinto.
Una pizca de sal.
Pimienta negra recién molida.

PREPARACIÓN:

1) Colocar todos los ingredientes de la ensalada, excepto la albahaca picada, en un recipiente grande y mezclar bien.
2) Batir el aceite de oliva con unas gotas de aceto/vinagre balsámico, una pizca de sal y la pimienta negra recién molida.
3) Agregar el aderezo a la ensalada, volver a mezclar, espolvorear con la albahaca picada y servir de inmediato.

Ensalada de remolachas y manzanas

100 calorías aproximadamente por porción. No contiene grasas ni colesterol.

INGREDIENTES:

Cuatro remolachas hervidas
media hora con sus cáscaras,
enfriadas, peladas y cortadas
en rodajas finas.
Una manzana verde cortada
en rodajas finas.
Dos cucharadas de jugo/zumo
de limón.

ADEREZO:

Tres cucharadas de aceite de
oliva.
Dos cucharadas de jugo/zumo
de naranja.
Una pizca de sal.
Pimienta negra recién molida.

PREPARACIÓN:

1) Rociar las rodajas de manzana con el jugo/zumo de limón, ubicarlas en un recipiente grande, agregar las remolachas y mezclar con cuidado.

2) Batir el aceite de oliva con el jugo/zumo de naranja, la pizca de sal y la pimienta negra recién molida.

3) Agregar el aderezo a la ensalada, volver a mezclar y servir de inmediato.

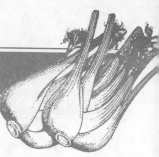

Ensalada de hinojo

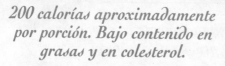

200 calorías aproximadamente por porción. Bajo contenido en grasas y en colesterol.

INGREDIENTES:

Un bulbo de hinojo, cortado en juliana.
Dos tomates cortados en rodajas finas.
Un pimiento/morrón amarillo cortado en juliana.

ADEREZO:

Tres cucharadas de aceite de oliva.
Un cucharada de jugo/zumo de limón.
Una pizca de sal.
Pimienta negra recién molida.

PREPARACIÓN:

1) Colocar los ingredientes de la ensalada en un recipiente grande y mezclar bien.
2) Batir el aceite de oliva con el jugo/zumo de limón, la pizca de sal y la pimienta negra recién molida.
3) Agregar el aderezo a la ensalada, volver a mezclar y servir de inmediato.

Ensalada de tomates y brotes con yogur

200 calorías aproximadamente por porción. Bajo contenido en grasas y en colesterol.

INGREDIENTES:

Tres tomates cortados en rodajes.
140 gr. de brotes de soja.
Una cebolla chica cortada en juliana.

ADEREZO:

Un yogur descremado sabor natural.
Tres cucharadas de leche descremada.
Una cucharada de perejil picado.
Una pizca de sal.
Pimienta negra recién molida.

PREPARACIÓN:

1) Colocar los ingredientes de la ensalada en un recipiente grande y mezclar bien.
2) Batir el yogur con las tres cucharadas de leche descremada, el perejil picado, la pizca de sal y la pimienta negra recién molida.
3) Agregar el aderezo a la ensalada, volver a mezclar y servir de inmediato.

Ensalada de chauchas y champiñones

250 calorías aproximadamente por porción.
Bajo contenido en grasas y en colesterol.

INGREDIENTES:

200 gr. de chauchas/judías planas sin hilo, hervidas diez
minutos y enfriadas.
200 gr. de champiñones chicos,
hervidos diez minutos en agua
con limón y enfriados.
Dos huevos duros, cortados en
cuñas.

ADEREZO:

Tres cucharadas de aceite de
oliva.
Una cucharada de jugo/zumo
de limón.
Una cucharada de
ciboulette/cebollino picado.
Una pizca de sal.
Pimienta negra recién molida.

PREPARACIÓN:

1) Colocar los ingredientes de la ensalada en un recipiente
grande y mezclar con cuidado.
2) Batir el aceite de oliva con el ciboulette picado, el jugo/zumo
de limón, la pizca de sal y la pimienta negra recién molida.
3) Agregar el aderezo a la ensalada, volver a mezclar y servir de
inmediato.

Ensalada de papas

250 calorías aproximadamente
por porción. Bajo contenido en
grasas y en colesterol.

INGREDIENTES:

500 gr. de papas/patatas
hervidas con sus cáscaras
media hora, enfriadas, peladas
y cortadas en cubos.
Dos huevos duros picados.

ADEREZO:

Tres cucharadas de aceite de
oliva.
Una cucharada de vinagre de
manzana o de otro vinagre
suave.
Una cucharada de perejil
picado.
Una pizca de sal.
Pimienta negra recién molida.

PREPARACIÓN:

1) Colocar los ingredientes de la ensalada en un recipiente grande y mezclar con cuidado.
2) Batir el aceite de oliva con el perejil picado, el vinagre, la pizca de sal y la pimienta negra recién molida.
3) Agregar el aderezo a la ensalada, volver a mezclar y servir de inmediato.

Ensalada de apio y manzana

150 calorías aproximadamente por porción.
Bajo contenido en grasas y en colesterol.

INGREDIENTES:

Ocho ramas de apio cortadas
en rodajas finas.
Dos manzanas verdes cortadas
en cubos.
Dos cucharadas de jugo/zumo
de limón.

ADEREZO:

Un yogur descremado sabor
natural.
Pimienta negra recién molida.

PREPARACIÓN:

1) Colocar en un recipiente las rodajas de apio y los cubos de manzana. Agregar el jugo/zumo de limón y mezclar bien.
2) Añadir el yogur y la pimienta negra recién molida, volver a mezclar y servir de inmediato.

Vegetales envueltos

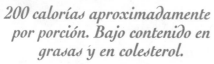

200 calorías aproximadamente por porción. Bajo contenido en grasas y en colesterol.

INGREDIENTES:

200 gr. de repollitos de Bruselas.

Dos zuchinni/zapallito largo, cortado en rodajas.

200 gr. de zanahorias baby/enanas, enteras y peladas.

Un atado de espinaca, las hojas separadas y limpias.

200 gr. de coliflor.

Una cucharada de estragón picado.

Cuatro cucharadas de aceite de oliva.

Rocío vegetal.

Una pizca de sal.

Pimienta blanca molida.

Varios: Papel de aluminio.

PREPARACIÓN:

1) Repartir los vegetales en cuatro paquetes de papel de aluminio y pincelarlos con el rocío vegetal. Condimentar con sal y pimienta y cerrar los paquetes. Cocinarlos en horno a fuego mediano por cuarenta minutos.

2) Batir el aceite de oliva con el estragón picado. Reservar.

3) Retirar del horno, abrir los paquetes y agregar el aceite con estragón. Servir bien caliente.

Ratatouille al horno

80 calorías aproximadamente por porción. Sin contenido de grasas ni colesterol.

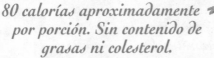

INGREDIENTES:

Una cebolla cortada en juliana.
Una berenjena cortada en dados.
Un zapallito largo/zuchinni cortado en juliana.
Un tomate cortado en cubos.
Un pimiento/morrón cortado en juliana.
Un vaso de vino blanco.
Rocío vegetal.

Una cucharada de orégano picado.
Una cucharada de tomillo picado.
Una pizca de sal.
Pimienta blanca molida.

PREPARACIÓN:

1) Lubricar con el rocío vegetal una fuente para horno. Colocar los vegetales y condimentar con sal y pimienta. Añadir el vino y cocinar en horno a fuego mediano cuarenta minutos.
2) Agregar las hierbas picadas, mezclar bien y servir bien caliente o tibio.

Budín de zapallitos y puerros

150 calorías aproximadamente por porción. Bajo contenido en grasas y en colesterol.

INGREDIENTES:

Cuatro zapallitos redondos, picados.
Dos puerros sin las puntas, picados.
Cuatro cucharadas de ricota.
Tres huevos.

Una cucharada de orégano picado.
Una pizca de sal.
Pimienta blanca molida.
Rocío vegetal

Varios: *Papel de aluminio.*

PREPARACIÓN:

1) Saltear en una sartén lubricada con rocío vegetal los puerros y los zapallitos por diez minutos. Reservar.
2) Licuar o procesar los puerros y los zapallitos con todos los demás ingredientes y condimentar con una pizca de sal, pimienta y orégano.
3) Forrar un molde de budín inglés (rectangular) con papel de aluminio. Rellenar con la preparación de zapallitos, puerros y ricota. Colocar el molde en un recipiente con agua y cocinar en horno, a fuego mediano, por cuarenta minutos. Dejar enfriar, desmoldar y servir de inmediato.

Budín de espárragos

200 calorías aproximadamente por porción.
Bajo contenido en grasas y en colesterol.

INGREDIENTES:

Dos atados de espárragos, sin
los tallos duros, hervidos diez
minutos.
Cuatro cucharadas de ricota.
Dos cucharadas de queso
blanco descremado.
Tres huevos.
Una pizca de sal.
Pimienta negra recién molida.

Varios: papel de aluminio.

PARA LA SALSA DE ACOMPAÑAMIENTO:

200 gr. de puré de tomates.
Medio vaso de leche descrema-
da.
Una cucharadita de fécula de
maíz.
Una pizca de sal.
Puntas de espárragos, para
decorar.

PREPARACIÓN:

1) Licuar o procesar todos los ingredientes del budín, hasta obtener una crema pareja. Reservar.

2) Forrar un molde alto circular con papel de aluminio y rellenarlo con la crema de espárragos. Colocar el molde en un recipiente con agua y cocinar en horno, a fuego mediano, cuarenta minutos. Dejar enfriar un poco y desmoldar.

3) Colocar los ingredientes de la salsa de acompañamiento en una sartén a fuego mediano y cocinar diez minutos. Reservar al calor.

4) Decorar el budín con las puntas de espárragos y rodearlo con la salsa. Servir tibio.

Risotto

120 calorías aproximadamente por porción. Bajo contenido en grasas. No contiene colesterol.

INGREDIENTES:

Una taza de arroz integral.
Dos cebollas de verdeo con las puntas, picadas.
Una zanahoria picada.
Medio pimiento/morrón picado.
Medio pimiento/ají verde, picado.
Dos tazas de caldo de vegetales, desgrasado.
Medio vaso de vino blanco.

Azafrán.
Una cucharada de perejil picado.
Rocío vegetal.
Una pizca de sal.
Pimienta negra recién molida.

PREPARACIÓN:

1) Calentar el rocío vegetal en una cacerola a fuego mediano. Saltear las cebollas de verdeo, el morrón y el pimiento por tres minutos.

2) Agregar el arroz y saltearlo unos minutos hasta que se vuelva blanco. Añadir el vino, cocinar cinco minutos más e incorporar el caldo, la zanahoria y el azafrán. Condimentar con sal y pimienta y cocinar veinte minutos, agregando un poco de agua tibia si fuera necesario. Servir bien caliente, espolvoreando con el perejil picado.

Cazuela de vegetales y arroz integral

150 calorías aproximadamente por porción. Bajo contenido en grasas y en colesterol.

INGREDIENTES:

200 gr. de chauchas/judías redondas sin hilo, cortadas por la mitad.
Una zanahoria cortada en cubos.
Una papa/patata cortada en cubos.
Medio pimiento/morrón picado.
Medio pimiento/morrón amarillo picado.
Dos cebollas de verdeo con la puntas, picadas.
Dos dientes de ajo picados.
Cuatro cucharadas de arroz integral.
Una taza de arvejas/guisantes al natural, escurridas.
Dos tazas de caldo de vegetales, desgrasado.
Una pizca de sal.
Pimienta negra recién molida.

PREPARACIÓN:

1) Calentar el rocío vegetal en una cacerola a fuego mediano. Saltear la cebolla de verdeo, el ajo y los pimientos tres minutos.
2) Agregar la papa/patata, la zanahoria, las chauchas/judías, el arroz y el caldo. Condimentar con una pizca de sal y pimienta y cocinar veinte minutos.
3) Añadir las arvejas/guisantes, cocinar tres minutos más y servir bien caliente.

Espinacas y chauchas con sésamo

70 calorías aproximadamente por porción. No contiene grasas ni colesterol.

INGREDIENTES:

Dos atados de espinaca con las hojas limpias y sin tallos.
200 gr de chauchas/judías redondas.
Dos cucharadas de jugo/zumo de limón.
Una cucharada de semillas/pipas de sésamo/ajonjolí.
Una cucharada de aceite de oliva.
Una pizca de sal.
Pimienta negra recién molida.

PREPARACIÓN:

1) Colocar un dedo de agua en una cacerola y dejar hervir.
Agregar las espinacas y cocinarlas cinco minutos. Escurrir bien y reservar.
2) Cocinar las chauchas diez minutos en agua hirviendo.
Escurrir y reservar.
3) Mezclar las espinacas y las chauchas, añadir el aceite de oliva y el jugo de limón y condimentar con sal y pimienta negra recién molida. Presentarlas en una fuente, espolvoreadas con las semillas de sésamo/ajonjolí.

Espárragos con crema de mostaza

180 calorías aproximadamente por porción.
Bajo contenido en grasas y en colesterol.

INGREDIENTES:

Dos atados de espárragos verdes, sin tallos duros.
Una taza de leche descremada.
Una cucharadita de fécula de maíz.
Una cucharadita de mostaza en polvo.
Una pizca de sal.
Pimienta blanca molida.

PREPARACIÓN:

1) Hervir los espárragos con una pizca de sal por quince minutos. Escurrir y reservar al calor.
2) Colocar en una sartén la leche, la fécula de maíz y la mostaza. Cocinar con fuego mínimo por diez minutos, hasta que se forme una crema. Condimentar con una pizca de sal y pimienta.
3) Ubicar los espárragos en una fuente, bañar con la crema de mostaza y servir bien caliente.

Alcauciles con pollo y arroz

250 calorías aproximadamente por porción. Bajo contenido en grasas y en colesterol.

INGREDIENTES:

Cuatro alcauciles/alcachofas.
Media taza de arroz integral.
Una pechuga de pollo de 140 gr. deshuesada y sin piel, cortada en juliana.
Dos cebollas de verdeo sin las puntas, picadas.
Dos cucharadas de jugo/zumo de limón.
Tres tazas de caldo de pollo desgrasado.

Medio vaso de vino blanco.
Cuatro tazas de agua.
Una cucharada de queso rallado.
Rocío vegetal.
Una pizca de sal.
Pimienta blanca molida.

PREPARACIÓN:

1) Limpiar los alcauciles retirar las hojas exteriores para dejar el centro o corazón. Cortarlos a lo largo y sumergirlos en agua con el jugo/zumo de limón. Colocar las tazas de caldo en una cacerola, agregar los alcauciles/alcachofas escurridos y cocinar, a partir de que rompa el hervor, quince minutos a fuego mediano.
2) Calentar el rocío vegetal en una cacerola a fuego mediano. Saltear la cebolla de verdeo dos minutos, agregar el arroz y cocinar otros dos minutos, revolviendo bien.
3) Agregar el vino blanco, el caldo con los alcauciles/alcachofas y la juliana de pollo. Condimentar con una pizca de sal y pimienta y cocinar media hora. Servir bien caliente, espolvoreando con el queso rallado.

Ensalada de berro, manzanas y apio

180 calorías aproximadamente por porción. Bajo contenido en grasas y en colesterol.

INGREDIENTES:

Un atado de berro, las hojas separadas y limpias.
Dos manzanas verdes peladas y cortadas en cubos pequeños.
Cuatro ramas de apio cortadas en rodajas.

ADEREZO:

Cuatro cucharadas de mayonesa diet.
Dos cucharadas de jugo/zumo de limón.
Pimienta negra recién molida.

PREPARACIÓN:

1) Mezclar los ingredientes de la ensalada y disponerlos en platos individuales.
2) Incorporar el jugo/zumo de limón a la mayonesa y perfumar con pimienta negra recién molida.
3) Agregar el aderezo a la ensalada y servir de inmediato.

Pastas

PARA BAJAR DE PESO

La pasta ha soportado la mala fama de ser considerada como uno de los alimentos que más engordan. Nada más lejano de la verdad, su consumo moderado con salsas livianas de bajas calorías, permiten incluirla en cualquier dieta para bajar de peso. Su contenido de hidratos de carbono la señala como ideal para la dieta del deportista moderno.

Para las recetas de este capítulo se han elegido dos de las pastas más famosas del mundo: el spaguetti y el fetuccine. Los dos alcanzan una alta calidad en la industria de la pasta seca, por lo que recomendamos su consumo. Estos spaguetti y fetuccine se hacen comercialmente con agua y harina, a diferencia de las pastas frescas que incluyen huevos en su confección.

En la actualidad, el consumo de pastas en el mundo se incrementa día a día. Es un alimento sabroso y barato y su popularidad ha pasado de Italia a innumerables países de América y Europa.

Por último, para que cualquiera de las recetas, que a continuación se transcriben, sean coronadas por el éxito, no están de más algunos simple consejos a tener en cuenta, para cocinar a punto la pasta:

• Un litro de agua por cada cien gramos de pasta.
• Echar una pizca de sal gruesa desde el principio.
• Echar la pasta sólo cuando el agua está en plena ebullición y revolverla de inmediato con un tenedor para evitar que se pegue.
• Vigilar la cocción. A pesar de lo que se diga en los paquetes de la pasta utilizada, no existe un tiempo exacto. Por lo tanto, hay que mirar y probar la pasta para encontrar el punto exacto.

Spaguetti con tomates y hierbas

300 calorías aproximadamente por porción. Bajo contenido en grasas. No contiene colesterol.

INGREDIENTES

300 gr. de spaguetti.
Una lata –400 gr.– de tomates
al natural, picados y con
su jugo.
Dos dientes de ajo picados.
Una cucharada de orégano picado.
Una cucharada de tomillo picado.
Una cucharada de perejil picado.
Un vaso de vino blanco.
Dos cucharadas de aceite de
oliva.
Rocío vegetal.
Una pizca de sal.
Pimienta negra recién molida.

PREPARACIÓN:

1) Calentar el rocío vegetal en una sartén grande a fuego mediano. Saltear el ajo un minuto, cuidando de que no se queme. Agregar el vino y los tomates con su jugo. Condimentar con sal y pimienta, bajar el fuego a mínimo y cocinar diez minutos. Reservar.

2) Colocar abundante agua con una pizca de sal gruesa en una cacerola grande. Cuando rompa el hervor, agregar los spaguetti todos de una vez, revolviendo hasta que queden sumergidos por completo. Cocinar al dente (hasta que la pasta esté cocida pero firme) y colar.

3) Incorporar los spaguetti colados a la sartén con la salsa de tomates. Añadir las hierbas picadas y calentar todo unos dos minutos, a fuego mínimo. Servir bien caliente, rociando con el aceite de oliva.

Spaguetti con ajo y aceite de oliva

220 calorías aproximadamente por porción. Bajo contenido en grasas y en colesterol.

INGREDIENTES

400 gr. de spaguetti.
Dos dientes de ajo picados.
Cuatro cucharadas de aceite de oliva.
Una cucharada de perejil picado.
Una cucharadita de ají/chile molido.
Una pizca de sal.

PREPARACIÓN:

1) Cocinar la pasta como se indica en el punto 2 de la receta de Spaguetti con tomates y hierbas.
2) Colocar en una fuente de servir la pasta colada y agregar el ajo, el aceite de oliva, el perejil picado y el ají molido. Mezclar bien y servir de inmediato.

Spaguetti con atún

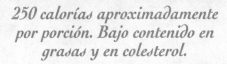

*250 calorías aproximadamente
por porción. Bajo contenido en
grasas y en colesterol.*

INGREDIENTES:

*200 gr. de spaguetti.
200 gr. de atún al natural, escurrido y desmenuzado.
Un diente de ajo picado.
Una cebolla chica picada.
Una lata —400 gr.— de tomates al natural, picados y con su jugo.
Medio vaso de vino blanco.
Rocío vegetal.
Una cucharada de perejil picado.
Una pizca de sal.
Pimienta negra recién molida.*

PREPARACIÓN:

1) Calentar el rocío vegetal en una sartén grande a fuego mediano. Saltear el ajo y la cebolla tres minutos. Agregar el vino y los tomates con su jugo, condimentar con sal y pimienta, bajar el fuego a mínimo y cocinar diez minutos.

2) Cocinar la pasta como se indica en el punto 2 de la receta de Spaguetti con tomates y hierbas.

3) Agregar los spaguetti colados y el atún a la sartén con la salsa de tomates. Calentar dos minutos a fuego mínimo. Servir bien caliente, espolvoreando con el perejil picado.

Spaguetti al estilo Cantón

300 calorías aproximadamente por porción.
Bajo contenido en grasas y en colesterol.

INGREDIENTES:

200 gr de spaguetti.
100 gr. de hongos secos, cortados en juliana (tiras delgadas).
100 gr. de brotes de soja.
Dos cebollas de verdeo con las puntas, cortadas en juliana.
Una zanahoria cortada en juliana.
Una cucharada de salsa de soja.
Un vaso de vino blanco o de jerez.
Unas gotas de edulcorante.
Rocío vegetal.
Una pizca de sal.
Pimienta negra recién molida.

PREPARACIÓN:

1) Calentar el rocío vegetal en una sartén grande a fuego mediano. Saltear las cebollas de verdeo, la zanahoria y los hongos tres minutos. Agregar el vino, la salsa y los brotes de soja y unas gotas de edulcorante. Condimentar con sal y pimienta, bajar el fuego a mínimo y cocinar diez minutos.
2) Cocinar la pasta como se indica en el punto 2 de la receta de Spaguetti con tomates y hierbas.
3) Agregar los spaguetti colados a la sartén con los vegetales y calentar unos dos minutos, con fuego mínimo. Mezclar bien y servir bien caliente.

Spaguetti con vegetales

*250 calorías aproximadamente
por porción. Bajo contenido en grasas
y moderado contenido en colesterol.*

INGREDIENTES:

*200 gr. de spaguetti.
100 gr. de chauchas/judías planas sin hilo.
Cuatro flores de brócoli.
Ocho espárragos.
Un puerro sin las puntas, cortado en rodajas.
Una taza de caldo de vegetales, desgrasado.
Dos cucharadas de aceite de oliva.
Rocío vegetal.
Una pizca de sal.
Pimienta negra recién molida.*

PREPARACIÓN:

1) Calentar el rocío vegetal en una sartén grande a fuego mediano. Saltear el puerro dos minutos. Agregar las chauchas, los espárragos y el brócoli. Condimentar con sal y pimienta, añadir el caldo y cocinar quince minutos con fuego mínimo.
2) Cocinar la pasta como se indica en el punto 2 de la receta de Spaguetti con tomates y hierbas.
3) Colocar los spaguetti colados en una fuente para servir, agregar los vegetales escurridos y rociar con el aceite de oliva. Mezclar bien y servir bien caliente.

Fettuccine con tomates y albahaca

250 calorías aproximadamente por porción.
Bajo contenido en grasas y en colesterol.

INGREDIENTES:

200 gr. de fettuccine.
Una lata –400 gr.– de tomates al natural, picados y con su jugo.
Dos cucharadas de albahaca picada.
Dos dientes de ajo picados.
Media taza de caldo de vegetales desgrasado.
Rocío vegetal.
Una pizca de sal.
Pimienta negra recién molida.

PREPARACIÓN:

1) Calentar el rocío vegetal en una sartén grande a fuego mediano. Saltear el ajo un minuto. Agregar los tomates y el caldo, condimentar con sal y pimienta. Bajar el fuego a mínimo y cocinar diez minutos. Reservar.
2) Cocinar la pasta como se indica en el punto 2 de la receta de Spaguetti con tomates y hierbas.
3) Agregar la pasta colada a la sartén con la salsa de tomates y cocinar dos minutos a fuego mínimo. Servir de inmediato, espolvoreando con la albahaca picada.

Fettuccine con queso blanco

250 calorías aproximadamente por porción. Bajo contenido en grasas y en colesterol.

INGREDIENTES:

200 gr. de fettuccine.
Cuatro cucharadas de queso blanco descremado.
Media taza de leche descremada.
Una cucharada de ciboulette/cebollino picado.
Una pizca de sal.
Pimienta blanca molida.

PREPARACIÓN:

1) Calentar en una sartén grande a fuego mínimo al queso blanco, la leche y el ciboulette por tres minutos. Condimentar con una pizca de sal y pimienta y reservar.
2) Cocinar la pasta como se indica en el punto 2 de la receta de Spaguetti con tomates y hierbas.
3) Agregar la pasta colada a la sartén con el queso y cocinar dos minutos, mezclando bien. Servir de inmediato.

Carnes blancas y rojas

PARA BAJAR DE PESO

Comer carne excesivamente no es bueno para nuestra salud. Su consumo reiterado, puede producir una sobrealimentación de proteínas. Esto a su vez, puede originar problemas digestivos y hasta enfermedades reumáticas. También la carne contiene colesterol y grasas. Todos estos parecerían motivos suficientes para eliminarla de una dieta saludable pero, por suerte, no es así. Consumiéndolas moderadamente y combinándolas con otros alimentos, tanto las carnes blancas como las rojas, no son nocivas para salud y sí, en cambio, la base de exquisitas recetas. Por esta razón, no tenemos que privarnos de un buen bife o de una presa de pollo, si tenemos cuidado de eliminar la grasa y también la piel, en el caso de las aves. Tomadas estas precauciones, el pollo y la carne vacuna seguirán ocupando un lugar de privilegio entre nuestras recetas preferidas. Lo ideal es combinar ambos consumos. La mejor distribución de carnes en la semana es: una o dos veces pollo y tres veces carne vacuna. Hay que tener en cuenta que esta última contiene el doble de hierro que la de pollo.

Carnes rojas
Cortes vacunos recomendados:
• Lomo/solomillo.
• Filetes de nalga de ternera.
• Bifes angostos/bistec de ternera.
• Carnes magras de ternera para guisar.
Carnes blancas
Presas de pollo recomendadas:
• Pechugas.
• Muslos.

Ensalada combinada de pollo y vegetales

250 calorías aproximadamente por porción. Bajo contenido en grasas y en colesterol.

INGREDIENTES:

Dos pechugas de pollo de 140 gr. cada una, deshuesadas y sin piel, cocinadas como se indica en la receta de Pechugas de pollo a la parrilla y cortadas en trozos pequeños.
Un pimiento/morrón cortado en juliana.
Una zanahoria hervida por veinte minutos, cortada en rodajas.
Dos ramas de apio cortadas en rodajas.
140 gr. de chauchas /judías verdes, hervidas por diez minutos.
Unas hojas de rúcula/ruqueta.

ADEREZO:

Cuatro cucharadas de aceite de oliva.
Dos cucharadas de jugo/zumo de limón.
Una pizca de sal.
Pimienta negra recién molida.
Ciboulette/cebollino, para decorar.

PREPARACIÓN:

1) Mezclar todos los ingredientes de la ensalada y servirla en platos individuales.
2) Batir el aceite con el jugo/zumo de limón, una pizca de sal y pimienta negra recién molida.
3) Agregar el aderezo a la ensalada, decorar con ciboulette y servir de inmediato.

Pechugas de pollo con vegetales variados

350 calorías aproximadamente por porción. Bajo contenido en grasas y colesterol.

INGREDIENTES

Cuatro pechugas de pollo de 140 gr. cada una, deshuesadas y sin piel.
Dos tomates picados.
Una cebolla picada.
Un diente de ajo picado.
Una berenjena cortada en cubos medianos.
Un zuchinni/zapallito largo cortado en cubos medianos.
Un vaso de vino blanco.
Medio vaso de agua.
Una cucharada de ciboulette/cebollino picado.
Una cucharada de albahaca picada.
Una pizca de sal.
Pimienta blanca molida.

PREPARACIÓN:

1) Ubicar en una fuente para horno las pechugas y los vegetales. Agregar el vino y el agua, condimentar con sal y pimienta y cocinar en horno, a fuego mediano, cuarenta y cinco minutos, dando vuelta el pollo en la mitad de la cocción.
2) Trasladar las pechugas a una fuente de servir, rodear con los vegetales y espolvorear con albahaca y ciboulette. Servir de inmediato.

Pechugas de pollo con brócoli

250 calorías aproximadamente por porción.
Bajo contenido en grasas y en colesterol.

INGREDIENTES:

Cuatro pechugas de pollo de 140 gr. cada una, deshuesadas y sin piel.
400 gr. de brócoli.
Dos puerros con las puntas, picados.
Un diente de ajo picado.
Un pimiento/ají verde chico, picado.
Dos cucharadas de jugo/zumo de limón.
Un vaso de vino blanco.
Una cucharada de perejil picado.
Una pizca de sal.
Pimienta blanca molida.

PREPARACIÓN:

1) Cocinar el brócoli en agua hirviendo diez minutos. Escurrir, separar las coronas de los tallos y picar éstos últimos. Reservar.
2) En una fuente para horno colocar las pechugas, el puerro, el pimiento y el ajo. Agregar el jugo/zumo de limón y el vino y condimentar con una pizca de sal y pimienta. Cocinar en horno a fuego mediano, cuarenta y cinco minutos, dando vuelta el pollo en la mitad de la cocción.
3) Retirar la fuente del horno, incorporar el brócoli y cocinar cinco minutos más, siempre con fuego mediano. Espolvorear con el perejil picado y servir bien caliente.

Pechugas de pollo a la parrilla

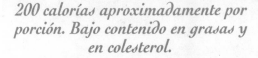

200 calorías aproximadamente por porción. Bajo contenido en grasas y en colesterol.

INGREDIENTES:

Cuatro pechugas de pollo de 140 gr. cada una, deshuesadas y sin piel.
Cuatro cucharadas de jugo/zumo de limón.
Medio vaso de vino blanco.
Una cucharada de perejil picado.
Una cucharada de salvia picada.
Una pizca de sal.
Pimienta blanca molida.
Ramitas de perejil, para decorar.

PREPARACIÓN:

1) Condimentar las pechugas con sal y pimienta y ubicarlas en una fuente. Agregar el vino, el jugo/zumo de limón y las hierbas. Dejar reposar por lo menos una hora.
2) Cocinar las pechugas en la parrilla a fuego mediano, quince minutos por lado, bañándolas con la marinada de vino, limón y hierbas. Servirlas bien calientes, decorando con ramitas de perejil.

Ensalada de pollo

200 calorías aproximadamente por porción. Moderado contenido en grasas y en colesterol.

INGREDIENTES:

Cuatro pechugas de pollo de 140 gr. cada una, deshuesadas y sin piel, cocinadas como se indica en la receta de Pechugas de pollo a la parrilla cortadas en trozos pequeños.
Media planta de lechuga con las hojas separadas y limpias.
Media planta de escarola con las hojas separadas y limpias.
Un tomate cortado en rodajas.
Una cebolla colorada/roja cortada en aros.
Una rebanada de pan de molde tostado, cortado en dados pequeños.

ADEREZO:

Cuatro cucharadas de aceite de oliva.
Dos cucharadas de jugo/zumo de limón.
Una pizca de sal.

PREPARACIÓN:

1) Servir la ensalada en platos individuales. Colocar en la base hojas de escarola y de lechuga, en el centro una pechuga de pollo fría cortada en trozos y rodear con los demás ingredientes.
2) Batir el aceite de oliva con el jugo de limón y una pizca de sal.
3) Agregar el aderezo a la ensalada y servir de inmediato.

Pollo con maíz

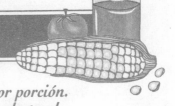

300 calorías aproximadamente por porción.
Poco contenido en grasas y en colesterol.

INGREDIENTES:

Un pollo chico cortado en ocho presas y sin piel.
Una lata –400 gr.– de tomates al natural, picados y con su jugo.
200 gr. de granos de choclo/maíz al natural, escurridos.
Un diente de ajo picado.
Una cebolla chica picada.
Medio vaso de vino blanco.
Rocío vegetal.
Una cucharada de perejil picado.
Una pizca de sal. Pimienta blanca molida.

PREPARACIÓN:

1) Calentar el rocío vegetal en una sartén grande, a fuego mediano. Saltear las presas de pollo cinco minutos. Escurrir sobre papel absorbente y reservar.
2) En la misma sartén agregar el ajo y la cebolla. Saltear dos minutos y agregar el vino.
3) Incorporar el pollo y los tomates, condimentar con sal y pimienta, bajar el fuego a mínimo y cocinar treinta y cinco minutos, con la sartén tapada.
4) Añadir los granos de choclo y cocinar cinco minutos más con la sartén destapada. Espolvorear con el perejil picado y servir bien caliente.

Pollo en cazuela

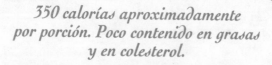

350 calorías aproximadamente
por porción. Poco contenido en grasas
y en colesterol.

INGREDIENTES:

Un pollo chico cortado en ocho presas y sin piel.
Dos tomates picados.
Un diente de ajo picado.
Un echalote/chalote picado.
Una cebolla chica picada.
Dos ramas de apio picadas.
Medio pimiento/ají verde picado.
Una zanahoria grande cortada en rodajas.
Dos papas/patatas medianas cortadas en rodajas.
Dos tazas de caldo de pollo, desgrasado.
Una cucharada de perejil picado.
Rocío vegetal.
Una pizca de sal.
Pimienta blanca molida.

PREPARACIÓN:

1) Calentar el rocío vegetal en una cazuela de barro o, en su defecto, una cacerola grande, a fuego mediano. Saltear las presas de pollo cinco minutos. Escurrir sobre papel absorbente y reservar.

2) En la misma cazuela, agregar más rocío vegetal y saltear cinco minutos el ajo, la cebolla, el echalote y el pimiento. Añadir el apio, los tomates, el pollo y el caldo. Condimentar con una pizca de sal y pimienta, bajar el fuego a mínimo y cocinar veinte minutos, con la cazuela tapada.

3) Incorporar las papas/patatas y la zanahoria, subir el fuego a mediano y cocinar veinte minutos más, con la cazuela destapada.

4) Espolvorear con el perejil picado y servir bien caliente.

Pollo al estragón

300 calorías aproximadamente por porción. Bajo contenido en grasas y en colesterol.

INGREDIENTES:

Un pollo chico cortado en ocho presas y sin piel.
Cuatro cucharadas de queso blanco descremado.
Dos cucharadas de crema de leche/nata.
Una cucharada de estragón fresco picado.
Cuatro cucharadas de jugo/zumo de limón.
Un vaso de vino blanco.
Una pizca de sal.
Pimienta blanca molida.

PREPARACIÓN:

1) En una fuente para horno colocar las presas de pollo, el jugo/zumo de limón y el vino. Condimentar con sal y pimienta y cocinar en horno, a fuego mediano, cuarenta y cinco minutos, dándolo vuelta una vez.
2) Colocar el queso blanco, la crema/nata y el estragón en una sartén a fuego mediano. Condimentar con una pizca de sal y pimienta y cocinar cinco minutos, revolviendo constantemente.
3) Retirar y escurrir el pollo del horno, cubrirlo con la salsa de estragón y servir bien caliente.

Muslos de pollo a la Francesa

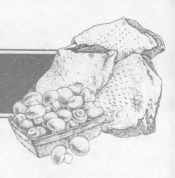

300 calorías aproximadamente por porción. Poco contenido en grasas y en colesterol.

INGREDIENTES:

Ocho muslos de pollo, deshuesados y sin piel.
Una zanahoria grande picada.
Una cebolla grande picada.
200 gr. de champiñones frescos, cortados en láminas.
Cuatro cucharadas de crema de leche/nata.
Medio vaso de vino blanco.
Una taza de caldo de pollo, desgrasado.
Una cucharada de ciboulette/cebollino picado.
Rocío vegetal.
Una pizca de sal.
Pimienta negra recién molida.

PREPARACIÓN:

1) Calentar el rocío vegetal en una sartén grande, a fuego mediano. Saltear unos minutos los muslos de pollo, dándolos vuelta una vez. Escurrir sobre papel absorbente y reservar.
2) En la misma sartén, agregar la cebolla, la zanahoria y el vino. Cocinar a fuego mediano cinco minutos.
3) Incorporar los muslos de pollo, los champiñones y el caldo. Condimentar con una pizca de sal y pimienta y cocinar veinte minutos.
4) Añadir la crema/nata y cocinar cinco minutos más. Espolvorear con el ciboulette picado y servir de inmediato.

Pollo con hierbas aromáticas

250 calorías aproximadamente por porción. Bajo contenido en grasas y en colesterol.

INGREDIENTES:

Un pollo chico cortado en ocho presas y sin piel.
Una cebolla picada.
Un vaso de caldo de vegetales, desgrasado.
Una cucharada de tomillo picado.
Una cucharada de ciboulette/cebollino picado.
Una cucharada de estragón picado.
Una cucharada de salvia picada.
Unas ramitas de romero.
Dos cucharadas de jugo/zumo de limón.
Una pizca de sal.
Pimienta blanca molida.

PREPARACIÓN:

1) Ubicar las presas de pollo en una fuente para horno. Agregar una cucharada de jugo/zumo de limón, el caldo, la cebolla picada y las ramitas de romero. Condimentar con una pizca de sal y pimienta y cocinar en horno a fuego mediano cuarenta y cinco minutos, dándolo vuelta una vez.
2) Retirar y escurrir las presas de pollo, espolvorear con las hierbas picadas y la otra cucharada de jugo/zumo de limón y servir bien caliente.

Pechugas de pollo con jengibre

200 calorías aproximadamente por porción. Bajo contenido en grasas y en colesterol.

INGREDIENTES:

Cuatro pechugas de pollo de 140 gr. cada una, deshuesadas y sin piel.
Una cucharada de jengibre rallado.
Una cucharadita de pimentón.
Dos cucharadas de jugo/zumo de limón.
Una taza de caldo de pollo, desgrasado.
Una cucharadita de fécula de maíz.
Una pizca de sal.
Pimienta blanca molida

PREPARACIÓN:

1) Batir en un recipiente el jugo/zumo de limón, el jengibre, el pimentón, la pizca de sal y pimienta y medio vaso del caldo. Agregar las pechugas a esta marinada y dejar reposar por una hora.
2) Calentar en una cacerola a fuego mediano el resto del caldo. Incorporar las supremas con su marinada, bajar el fuego a mínimo y cocinar cuarenta minutos.
3) Retirar las pechugas y añadir la cucharadita de fécula de maíz para espesar la salsa. Cocinar tres minutos más y servir las pechugas con su salsa de jengibre.

Pechugas de pollo con salsa de cerezas

250 calorías aproximadamente por porción.
Bajo contenido en grasas y en colesterol.

INGREDIENTES:

Cuatro pechugas de pollo de 140 gr. cada una, deshuesadas
y sin piel.
100 gr. de cerezas sin sus carozos.
Medio vaso de jugo/zumo de naranja.
Una cucharada de jugo/zumo de limón.
Medio vaso de un vino dulce.
Una taza de caldo de pollo, desgrasado.
Rocío vegetal.
Una pizca de sal
Pimienta negra molida.

PREPARACIÓN:

1) Colocar en una cacerola, las cerezas, los jugos/zumos de
naranja y de limón y el vino, a fuego mediano. Cuando rompa el
hervor, bajar el fuego a mínimo y cocinar quince minutos.
Procesar o licuar esa preparación y reservar.
2) Calentar el rocío vegetal en una sartén a fuego mediano.
Saltear las pechugas de pollo dos minutos por lado, condimentar con una pizca de sal y pimienta y agregar el caldo. Bajar el
fuego a mínimo y cocinar por treinta minutos.
3) Escurrir las pechugas y servir acompañadas por la salsa de
cerezas, previamente calentada.

Pechugas de pollo con salsa de manzanas

250 calorías aproximadamente por porción. Bajo contenido en grasas y en colesterol.

INGREDIENTES:

Cuatro pechugas de pollo de 140 gr. cada una, deshuesadas y sin piel.
Dos manzanas red deliciosa peladas y cortadas en cubos.
Dos tazas de leche descremada.
Una cucharadita de fécula de maíz.
Rocío vegetal.
Una pizca de sal.
Pimienta blanca molida.

PREPARACIÓN:

1) Colocar en una cacerola los cubos de manzana y la leche. Cocinar con fuego mínimo por diez minutos. Licuar o procesar la preparación.

2) Calentar el rocío vegetal en una sartén grande a fuego mediano. Saltear las pechugas dos minutos por lado. Condimentar con una pizca de sal y pimienta y agregar la salsa de manzanas, bajar el fuego a mínimo y cocinar veinte minutos.

3) Retirar las pechugas y reservarlas al calor. Añadir a la sartén la cucharadita de fécula de maíz y cocinar dos minutos más. Servir las pechugas acompañadas de la salsa de manzanas.

Pollo con orégano y tomates

250 calorías aproximadamente por porción. Bajo contenido en grasas y en colesterol.

INGREDIENTES:

Un pollo chico cortado en ocho presas y sin piel.
Una lata —400 gr. — de tomates al natural, picados.
Un diente de ajo picado.
Una cebolla de verdeo con las puntas, picada.
Medio vaso de vino blanco.
Rocío vegetal.

Una hoja de laurel.
Una cucharada de orégano picado.
Una pizca de sal.
Pimienta negra recién molida.

PREPARACIÓN:

1) Calentar el rocío vegetal en una sartén grande, a fuego mediano. Saltear las presas de pollo cinco minutos, dándolas vuelta una vez. Escurrir sobre papel absorbente y reservar.
2) En la misma sartén agregar el ajo y la cebolla de verdeo. Saltear dos minutos y añadir el vino.
3) Agregar los tomates, la hoja de laurel y el pollo. Condimentar con una pizca de sal y pimienta, bajar el fuego a mínimo y cocinar cuarenta minutos, con la sartén tapada.
4) Retirar la hoja de laurel, espolvorear con el orégano y servir bien caliente.

Pechugas de pollo con ananá

280 calorías aproximadamente por porción. Bajo contenido en grasas y moderdo contenido en colesterol.

INGREDIENTES:

Cuatro pechugas de pollo de 140 gr. cada una, deshuesadas y sin piel.
Cuatro rodajas de ananá/piña en almíbar diet, cortadas en cubos chicos.
Una taza del almíbar diet del ananá.
Un pimiento/ají verde cortado en juliana.
Una cucharada de vinagre de manzana/sidra o de otro vinagre suave.
Una cucharada de salsa ketchup.
Rocío vegetal.
Una pizca de sal.
Pimienta blanca molida.

PREPARACIÓN:

1) Calentar el rocío vegetal en una sartén grande a fuego mediano. Saltear las pechugas dos minutos por lado y condimentar con una pizca de sal y pimienta. Escurrir sobre papel absorbente y reservar.

2) Agregar un poco más de rocío vegetal a la sartén y saltear el ají en juliana tres minutos. Agregar el ananá picado, el almíbar, el vinagre, el ketchup y las pechugas, bajar el fuego a mínimo y cocinar veinte minutos.

3) Retirar el pollo y reservar al calor. Añadir la fécula de maíz, mezclar bien y cocinar tres minutos más, para que espese. Servir las pechugas bien calientes, bañadas con la salsa de ananá/piña.

Lomo con crema de hierbas

300 calorías aproximadamente por porción.
Moderado contenido en grasas y en colesterol.

INGREDIENTES:

Cuatro medallones de lomo/solomillo de 140 gr. (5 onzas) cada uno.
Un vaso de vino blanco.
Cuatro cucharadas de crema de leche/nata.
Una cucharada de ciboulette/cebollino picado.
Una cucharada de estragón picado.
Rocío vegetal.
Una pizca de sal.
Pimienta negra recién molida.

PREPARACIÓN:

1) Atar los medallones de lomo/solomillo, para que conserven su forma redonda y condimentarlos con una pizca de sal y pimienta negra recién molida.
2) Calentar el rocío vegetal en una sartén grande, a fuego mediano. Saltear el lomo dos minutos por lado, para sellarlo. Agregar el vino y cocinar cinco minutos.
3) Bajar el fuego a mínimo y añadir la crema/nata y las hierbas. Cocinar diez minutos y servir bien caliente.

Lomo con arroz y vegetales

280 calorías aproximadamente por porción. Bajo contenido en grasas y en colesterol.

INGREDIENTES:

Cuatro medallones de lomo/solomillo de 140 gr. cada uno.
Cuatro cucharadas de arroz integral.
140 gr. de chauchas/judías redondas, sin el hilo.
140 gr. de champiñones frescos cortados en láminas.
Una cebolla chica cortada en aros.
Una cucharadita de ciboulette/cebollino picado.
Rocío vegetal.
Una pizca de sal.
Pimienta negra recién molida.

PREPARACIÓN:

1) Hervir el arroz veinte minutos. Escurrir y condimentar con la pizca de sal y ciboulette picado. Reservar al calor.
2) Hervir las chauchas diez minutos. Escurrir y reservar al calor.
3) Calentar el rocío vegetal en una sartén a fuego mediano. Saltear la cebolla y los champiñones diez minutos. Condimentar con una pizca de sal y pimienta y reservar al calor.
4) Condimentar el lomo/solomillo con una pizca de sal y pimienta y cocinar en la parrilla con fuego mediano, cinco minutos por lado. Servir los medallones bien calientes acompañando con el arroz, las chauchas/judías y el salteado de champiñones y cebolla.

Lomo con salsa de vegetales

250 calorías aproximadamente por porción.
Bajo contenido en grasas y en colesterol.

INGREDIENTES:

Cuatro medallones de
lomo/solomillo de 140 gr. cada
uno.
Una cebolla picada.
Una cebolla de verdeo con las
puntas, picada.
Un puerro sin las puntas,
picado.

Una zanahoria picada.
Una rama de apio picada.
Dos tomates picados.
Un vaso de vino blanco.
Rocío vegetal.
Una cucharada de perejil
picado.
Una pizca de sal.
Pimienta negra recién molida.

PREPARACIÓN:

1) Atar los medallones, para que conserven su forma redonda y condimentarlos con una pizca de sal y pimienta negra recién molida.

2) Calentar el rocío vegetal en una sartén grande, a fuego mediano. Saltear los medallones dos minutos por lado, para sellarlos. Retirar y reservar.

3) En la misma sartén, saltear dos minutos las cebollas y el puerro. Agregar la zanahoria, el apio y el vino. Cocinar cinco minutos, bajar el fuego a mínimo y añadir los tomates. Condimentar con una pizca de sal y pimienta y cocinar diez minutos.

4) Incorporar el lomo/solomillo y cocinar diez minutos más. Trasladar los medallones a una fuente, licuar o procesar la salsa de vegetales y bañar con ella la carne. Espolvorear con el perejil picado y servir bien caliente.

Bife con vegetales a la parrilla

350 calorías aproximadamente por porción. Moderado contenido en grasas y colesterol.

INGREDIENTES:

Cuatro bifes angostos o bistec de 140 gr. cada uno, sin grasa ni el hueso.
Dos tomates cortados al medio.
Dos cebollas cortadas al medio.
Dos berenjenas chicas, cortadas al medio.
Un pimiento/ají verde cortado en cuartos.
Cuatro cucharadas de aceite de oliva.
Rocío vegetal.
Una pizca de sal.
Pimienta negra recién molida.

PREPARACIÓN:

1) Condimentar con una pizca de sal y pimienta los bifes y los vegetales; a éstos últimos también pincelarlos con rocío vegetal.
2) Cocinar los vegetales en la parrilla con fuego mediano, diez minutos por lado y los bifes, siete minutos por lado.
3) Servir la carne bien caliente acompañada por los vegetales, rociados con el aceite de oliva.

Cazuela de carne y vegetales

250 calorías aproximadamente por porción. Bajo contenido en grasas y en colesterol.

INGREDIENTES:

600 gr. de carne magra para guisar, desgrasada y cortada en cubos.
Una pimiento/morrón cortado en tiras.
Una cebolla picada.
Una zanahoria cortada en rodajas.
Un zapallito largo/zuchinni cortado en rodajas.
Un tomate picado.
Dos dientes de ajo picados.

Un vaso de caldo de vegetales, desgrasado.
Rocío vegetal.
Una cucharada de perejil picado.
Dos cucharaditas de pimentón dulce.
Una pizca de sal.
Pimienta negra recién molida.

PREPARACIÓN:

1) Calentar el rocío vegetal en una cazuela de barro (o en su defecto, en una cacerola grande) a fuego mediano y saltear los cubos de carne tres minutos. Retirar y reservar.

2) En la misma cazuela agregar la cebolla, el ajo y el morrón. Saltear otros tres minutos.

3) Añadir el caldo, la carne, el tomate, la zanahoria y el zuchinni. Bajar el fuego a mínimo, condimentar con sal, pimienta y pimentón y cocinar veinte minutos. Espolvorear con el perejil picado y servir bien caliente.

Ternera a la italiana

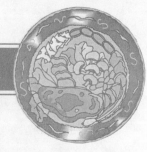

*300 calorías aproximadamente
por porción. Moderado contenido
en grasas y en colesterol.*

INGREDIENTES:

600 gr. de filetes magros de ternera, cortados finos.
Una cebolla picada.
Dos tomates picados.
Dos dientes de ajo picados.
200 gr de champiñones cortados en láminas.
140 gr. de arvejas/guisantes al natural, escurridas.
Media taza de caldo de vegetales, desgrasado.
Una cucharada de perejil picado.
Rocío vegetal.
Una pizca de sal.
Pimienta negra recién molida.

PREPARACIÓN:

1) Calentar el rocío vegetal en una sartén grande, a fuego mediano. Saltear los filetes tres minutos, dándolos vuelta una vez. Retirar y reservar.
2) En la misma sartén, saltear los ajos y la cebolla tres minutos. Agregar los tomates, los filetes y el caldo, condimentar con sal y pimienta, bajar el fuego a mínimo y cocinar diez minutos.
3) Añadir los champiñones y cocinar diez minutos más. Incorporar las arvejas/guisantes, espolvorear con el perejil picado y servir bien caliente.

Ternera con salsa verde

300 calorías aproximadamente por porción.
Moderado contenido en grasas y en colesterol.

INGREDIENTES:

600 gr. de filetes magros de ternera, cortados finos.
200 gr. de chauchas/judías planas, sin el hilo.
Dos cebollas de verdeo con las puntas, picadas.
Un puerro con las puntas, picado.
Medio vaso de vino blanco.
Una cucharada de ciboulette/cebollino picado.
Media taza de leche descremada.
Una cucharadita de fécula de maíz.
Rocío vegetal.
Una pizca de sal.
Pimienta blanca molida.

PREPARACIÓN:

1) Cocinar las chauchas en abundante agua hirviendo quince minutos. Escurrir y reservar al calor.
2) Calentar el rocío vegetal en una sartén grande, a fuego mediano. Saltear los filetes tres minutos, dándolos vuelta una vez. Retirar y reservar.
3) En la misma sartén saltear las cebollas de verdeo y el puerro, tres minutos. Agregar el vino y los filetes, condimentar con una pizca de sal y pimienta, bajar el fuego a mínimo y cocinar quince minutos.
4) Disolver la fécula de maíz en la leche descremada y añadirla a la sartén. Cocinar diez minutos más, espolvorear con la ciboulette picada y servir bien caliente acompañando con las chauchas/judías.

Ternera con romero y limón

280 calorías aproximadamente por porción. Bajo contenido en grasas y moderado contenido en colesterol.

INGREDIENTES:

600 gr. de filetes magros de ternera, cortados finos.
Unas ramitas de romero.
Tres cucharadas de jugo/zumo de limón.
Medio vaso de vino blanco.
Rocío vegetal.
Una pizca de sal.
· Pimienta negra recién molida.
Un limón cortado en rodajas, para decorar.

PREPARACIÓN:

1) Calentar el rocío vegetal en una sartén grande a fuego mediano. Saltear los filetes de ternera tres minutos por lado y condimentar con una pizca de sal y pimienta negra recién molida.
2) Agregar el vino, el jugo/zumo de limón y el romero. Bajar el fuego a mínimo y cocinar veinte minutos. Servir bien caliente, decorando con rodajas de limón.

Bifes con salsa criolla

300 calorías aproximadamente por porción. Bajo contenido en grasas y moderado contenido en colesterol.

INGREDIENTES:

Cuatro bifes angostos o bistec de 140 gr. cada uno, sin grasa y con el hueso.
Una pizca de sal.
Pimienta negra recién molida.

PARA LA SALSA CRIOLLA

Un tomate picado.
Una cebolla chica picada.
Un pimiento/morrón picado.
Tres cucharadas de aceite de oliva.
Media cucharada de vinagre de manzana/sidra o de algún otro vinagre suave.
Una pizca de sal.

PREPARACIÓN:

1) Condimentar son sal y pimienta negra recién molida los bifes. Cocinarlos en una parrilla o en una plancha de hierro, siete minutos por lado.
2) Mezclar bien todos los ingredientes de la salsa criolla y acompañar con ella los bifes bien calientes.

Bifes encebollados

280 calorías aproximadamente por porción. Bajo contenido en grasas y moderado contenido en colesterol.

INGREDIENTES:

Cuatro bifes angostos o bistec de 140 gr. cada uno, sin grasa ni hueso.
Dos cebollas picadas.
Una cucharada de orégano picado.
Rocío vegetal.
Medio vaso de vino blanco.
Una pizca de sal.
Pimienta negra recién molida.

PREPARACIÓN:

1) Calentar el rocío vegetal en una sartén grande a fuego mediano. Saltear la cebolla tres minutos. Agregar el vino y condimentar con una pizca de sal y pimienta. Cocinar cinco minutos.
2) Condimentar con una pizca de sal y pimienta los bifes e incorporarlos a la sartén sin encimarlos. Bajar el fuego a mínimo y cocinar veinte minutos. Servir bien caliente, espolvoreando con el orégano picado.

Brochette de carne, vegetales y frutas

250 calorías aproximadamente por porción. Bajo contenido en grasas y en colesterol.

INGREDIENTES:

400 gr. de carne magra de ternera cortada en cubos grandes.

Dos tomates cortados en cuartos.

Un pimiento/ají verde cortado en trozos grandes.

Dos naranjas con la cáscara, cortadas en cuartos, sin semillas.

Dos manzanas verdes con la cáscara, cortadas en cuartos, sin el centro o corazón.

Cuatro cucharadas de jugo/zumo de limón.

Rocío vegetal.

Una pizca de sal.

Pimienta negra recién molida.

Arroz integral hervido por veinte minutos, para acompañar.

PREPARACIÓN:

1) Armar las brochettes: disponer un pincho para los cubos de carne, en otros intercalar tomate y pimiento, y naranja y manzana respectivamente.

2) Condimentar la carne con sal y pimienta. Condimentar los vegetales con sal y pimienta y pincelarlos con rocío vegetal. Bañar las frutas con el jugo de limón.

3) Cocinar las brochettes a la parrilla: la carne cinco minutos por lado, y los vegetales y las frutas siete minutos por lado. Servirlas bien calientes y acompañar con arroz integral.

Pescados y mariscos

PARA BAJAR DE PESO

En la elaboración de las recetas de pescado de este capítulo se han utilizado los denominados peces blancos (merluza, lenguado y brótola), que contienen menos de dos por ciento de grasa, a diferencia de los peces azules (congrio, caballa, salmón, sardina y trucha, por ejemplo) cuyo contenido en grasa oscila entre el cinco y el quince por ciento.

En los pescados blancos, la pequeña cantidad de grasa se almacena en el hígado, dando por resultado una carne muy magra, ideal para quienes llevan una dieta pobre en lípidos. Estos pescados pueden ser redondos o planos, se adaptan perfectamente a la congelación y son ideales para prepararlos en filetes.

Tanto la merluza como el lenguado y la brótola se prestan muy bien a simples preparaciones. La limpieza de espinas y piel puede dejarse en mano de nuestro proveedor habitual u optar por el pescado que se presenta ya enpaquetado al vacío, perfectamente limpio y sin espinas.

En este capítulo también se encontrará una receta de calamares. Estos parientes no muy lejanos de las almejas, tienen el cuerpo redondo y alargado en forma de bolsa y poseen ocho o diez tentáculos (según a que especie pertenezcan) con ventosas, que les sirven para atrapar sus presas. A pesar de su fea apariencia son exquisitos y su limpieza, si bien no es muy difícil, puede ser encargada también a nuestro proveedor habitual.

Por último, se incluyen recetas de langostinos y camarones, tal vez los mariscos mas conocidos, y también, más sabrosos. Parientes cercanos, se los encuentra con mayor facilidad ya hervidos, con su característico color rosado, lo que hace que sus preparaciones sean sencillas y muy rápidas.Incluyendo en dos días de nuestra dieta semanal platos de pescados o mariscos, nos garantizaremos una alimentación saludable y equilibrada.

Filetes de merluza con salsa rosa

200 calorías aproximadamente por porción. Bajo contenido en grasas y en colesterol.

INGREDIENTES:

Cuatro filetes de merluza de 200 gr. cada uno, limpios y sin espinas.
400 gr. de puré de tomates.
Una taza de leche descremada.
Una cucharadita de fécula de maíz.
Una cucharada de albahaca picada.
Cuatro cucharadas de jugo/zumo de limón.
Una pizca de sal.
Pimienta blanca molida.
Hojas de albahaca, para decorar.

PREPARACIÓN:

1) Condimentar los filetes con sal y pimienta y rociarlos con el jugo/zumo de limón. Dejar reposar una hora.
2) Calentar a fuego mediano el puré de tomates en una sartén. Disolver la fécula de maíz en la leche y añadirla a la sartén. Condimentar con sal y pimienta y cocinar unos minutos hasta que espese.
3) Ubicar los filetes en una fuente para horno sin encimarlos. Agregar la salsa rosa y cocinar quince minutos en horno con fuego mediano. Espolvorear con la albahaca picada, decorar con alguna de sus hojas y servir bien caliente.

Brochette de camarones

150 calorías aproximadamente por porción. Bajo contenido en grasas y en colesterol.

INGREDIENTES:

300 gr. de camarones limpios.
240 gr. de tomates cherry/cereza.
Un pimiento/ají verde cortado en trozos medianos.
Cuatro cucharadas de jugo de limón.
Una pizca de sal.
Pimienta negra recién molida.

PREPARACIÓN:

1) Disponer alternativamente en palitos de brochette camarones, tomates cherry y trozos de pimiento. Condimentar con sal y pimienta negra recién molida.
2) Cocinar las brochette en una parrilla a fuego mediano por diez minutos, dándolas vuelta una vez. Durante la cocción, bañar con el jugo/zumo de limón. Servir bien calientes.

Filetes de lenguado con muzzarella

300 calorías aproximadamente por porción. Bajo contenido en grasas y en colesterol.

INGREDIENTES:

Cuatro filetes de lenguado de 200 gr. cada uno, limpios y sin espinas.
Cuatro tomates cortados en rodajas.
100 gr. de queso muzzarella rallado.
Rocío vegetal.
Cuatro cucharadas de jugo/zumo de limón.
Una cucharada de orégano picado.
Una pizca de sal.
Pimienta blanca molida.

PREPARACIÓN:

1) Condimentar con sal y pimienta los filetes y rociarlos con el jugo/zumo de limón. Dejar reposar una hora.
2) Pincelar con rocío vegetal una fuente para horno. Ubicar una capa de rodajas de tomate, condimentar con sal y pimienta y agregar los filetes sobre éstos, sin encimarlos. Colocar otra capa de tomates, volver a condimentar con sal y pimienta y cocinar en horno a fuego mediano, diez minutos.
3) Agregar la muzzarella rallada y cocinar cinco minutos más. Espolvorear con el orégano y servir bien caliente.

Filetes de merluza a la vasca

250 calorías por porción.
Bajo contenido en grasas y en colesterol.

INGREDIENTES:

600 gr. de filetes de merluza chicos, limpios y sin espinas.
200 gr. de almejas limpias y sin su concha.
Dos dientes de ajo picados.
Una cucharada de perejil picado.
Cuatro cucharadas de jugo/zumo de limón.
Medio vaso de vino blanco.
Una cucharadita de fécula de maíz. Rocío vegetal.
Una pizca de sal.

Pimienta blanca molida.

PARA EL CALDO DE PESCADO:

Cabeza y espinazo de un pescado.
Una zanahoria cortada en rodajas.
Una cebolla cortada en rodajas.
Dos ramas de apio cortadas en rodajas.
Una hoja de laurel.
Ocho tazas de agua.
Sal gruesa.

PREPARACIÓN:

1) Colocar todos los ingredientes del caldo de pescado en una cacerola y cocinar a fuego mediano una hora. Colar y reservar.
2) Condimentar los filetes con sal y pimienta y rociarlos con el jugo/zumo de limón. Dejar reposar una hora.
3) En una sartén grande agregar el rocío vegetal y saltear los filetes un minuto. Añadir el vino, el ajo y el perejil y cocinar a fuego mediano cinco minutos.
4) Disolver la fécula de maíz en medio litro del caldo de pescado y agregarlo a la sartén. Cocinar diez minutos, siempre a fuego mediano. Añadir las almejas y cocinar cinco minutos más. Servir bien caliente.

Filetes de lenguado con soja y verdeo

300 calorías aproximadamente por porción. Bajo contenido en grasas y en colesterol.

INGREDIENTES:

Cuatro filetes de lenguado de 200 gr. cada uno.
Cuatro cebollas de verdeo con las puntas, picadas.
Un vaso de vino blanco o de jerez.
Cuatro cucharadas de salsa de soja.
Una cucharadita de fécula de maíz
Una gotas de edulcorante.
Rocío vegetal.
Una pizca de sal.
Pimienta blanca molida.

PREPARACIÓN:

1) Calentar el rocío vegetal en una sartén grande a fuego mediano. Saltear las cebollas de verdeo dos minutos. Condimentar con sal y pimienta, agregar el vino y cocinar tres minutos, siempre a fuego mediano.
2) Condimentar con sal y pimienta los filetes y ubicarlos en la sartén. Disolver la fécula de maíz en una vaso de agua y añadirla. Incorporar la salsa de soja y una gotas de edulcorante, bajar el fuego a mínimo y cocinar quince minutos.
3) Servir los filetes bien calientes, bañados con la salsa de verdeo y soja.

Langostinos con limón

100 calorías aproximadamente por porción. Bajo contenido en grasas y moderado contenido en colesterol.

INGREDIENTES:

400 gr. de langostinos limpios y pelados.
Dos dientes de ajo picados.
Cuatro cucharadas de jugo/zumo de limón.
Una vaso de vino blanco.
Rocío vegetal.
Una cucharadita de fécula de maíz.
Una cucharada de perejil picado.

PREPARACIÓN:

1) Calentar en una sartén grande el rocío vegetal a fuego mediano. Saltear dos minutos el ajo, con cuidado de que no se queme.
2) Disolver la fécula de maíz en el vaso de vino y añadirlo a la sartén. Incorporar los langostinos y el jugo/zumo de limón, bajar el fuego a mínimo y cocinar cinco minutos.
3) Servir los langostinos bien calientes bañados con la salsa y espolvoreados con el perejil picado.

Calamares rellenos

250 calorías aproximadamente por porción. Bajo contenido en grasas y moderado contenido en colesterol.

INGREDIENTES:

Cuatro calamares chicos, limpios y sin la piel, el cuerpo separado de los tentáculos y de las aletas.
Dos dientes de ajo picados.
Una cucharada de perejil picado.
Una taza de arroz hervido.
Una cebolla chica picada.
500 gr. de puré de tomates.
Un vaso de vino blanco.
Azafrán.
Rocío vegetal.
Una pizca de sal.
Pimienta blanca molida.

PREPARACIÓN:

1) Picar los tentáculos y las aletas de los calamares. Reservar.
2) Calentar el rocío vegetal en una sartén grande a fuego mediano. Saltear el ajo un minuto. Agregar los tentáculos y las aletas picados y medio vaso de vino. Condimentar con sal y pimienta, bajar el fuego a mínimo y cocinar diez minutos. Agregar el arroz, el perejil picado y el azafrán y cocinar tres minutos más. Rellenar con esta mezcla los calamares. Reservar.
3) Calentar un poco de rocío vegetal en una cacerola a fuego mediano. Saltear la cebolla dos minutos, añadir el otro medio vaso de vino y el puré de tomates. Condimentar con sal y pimienta, incorporar los calamares rellenos y cocinar media hora a fuego mínimo. Servir bien caliente.

Filetes de brótola con zanahorias

200 calorías aproximadamente por porción. Bajo contenido en grasas y en colesterol.

INGREDIENTES:

Cuatro filetes de brótola de 200 gr. cada uno, limpios y sin espinas.
Una zanahoria grande cortada en rodajas gruesas.
Una cebolla.
Una rama de apio.
Una hoja de laurel.
Una ramita de romero.
Sal gruesa.

PARA LA SALSA DE ACOMPAÑAMIENTO:

Una cucharada de perejil picado.
Una cucharada de albahaca picada.
Dos dientes de ajo picado.
Dos cucharadas de aceite de oliva.

PREPARACIÓN:

1) Colocar en una cacerola ocho tazas de agua, las verduras, el laurel y una pizca de sal gruesa. Dejar hervir veinte minutos y agregar los filetes. Cocinar diez minutos más. Escurrir el pescado, con cuidado para que no se rompa, y las zanahorias. Reservar al calor.

2) Mezclar bien la hierbas picadas con el ajo y el aceite de oliva. Reservar.

3) Servir los filetes bañados con la salsa de hierbas y acompañar con las zanahorias.

Filetes de merluza con vegetales

300 calorías aproximadamente por porción. Bajo contenido en grasas y en colesterol.

INGREDIENTES:

800 gr. de filetes de merluza chicos, limpios y sin espinas.
Una zanahoria cortada en rodajas gruesas.
Una papa cortada en rodajas gruesas.
Una cebolla de verdeo picada.
Un puerro sin las puntas, cortado en rodajas.
45 gr. de chauchas/judías planas, sin hilo.
Una taza de caldo de vegetales, desgrasado.
Rocío vegetal.
Una cucharada de perejil picado.
Dos cucharadas de aceite de oliva.
Una pizca de sal.
Pimienta blanca molida.

PREPARACIÓN:

1) Calentar el rocío vegetal en una sartén grande a fuego mediano. Saltear la cebolla de verdeo y el puerro dos minutos. Agregar la papa y la zanahoria, condimentar con sal y pimienta y añadir el caldo. Bajar el fuego a mínimo y cocinar diez minutos.
2) Condimentar los filetes con sal y pimienta y agregarlos con las chauchas/judías a la sartén. Cocinar diez minutos más.
3) Servir los filetes bien calientes con los vegetales escurridos. Rociarlos con el aceite de oliva y espolvorearlos con el perejil picado.

Ensalada de camarones

150 calorías aproximadamente por porción. Bajo contenido en grasas y en colesterol.

INGREDIENTES:

300 gr. de camarones limpios.
Una planta de lechuga con las hojas limpias y separadas.
Dos tomates cortados en rodajas.
Una cucharada de ciboulette/cebollino picado.

PARA EL ADEREZO:

Tres cucharadas de aceite de oliva.
Una cucharada de jugo/zumo de limón.
Una pizca de sal.
Pimienta negra recién molida.

PREPARACIÓN:

1) En un recipiente grande colocar los camarones, las hojas de lechuga y las rodajas de tomates.
2) Batir bien el aceite de oliva con el jugo/zumo de limón, la pizca de sal y pimienta negra recién molida.
3) Agregar el aderezo a la ensalada, mezclar bien, espolvorear con el ciboulette picado y servir de inmediato.

Filetes de merluza a la provenzal

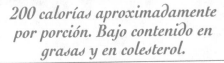

200 calorías aproximadamente por porción. Bajo contenido en grasas y en colesterol.

INGREDIENTES:

800 gr. de filetes de merluza chicos, limpios y sin espinas.
Media taza de jugo/zumo de limón.
Medio vaso de vino blanco.
Dos dientes de ajo picados.
Dos cucharadas de perejil picado.
Una hoja de laurel.
Una pizca de sal.
Pimienta blanca molida.
Un limón cortado en rodajas, para decorar.

PREPARACIÓN:

1) Ubicar los filetes de merluza en una fuente para horno. Condimentar con una pizca de sal y pimienta y añadir el ajo y una cucharada de perejil picado. Agregar el jugo/zumo de limón y el vino. Dejar reposar en la heladera por una hora.
2) Llevar la fuente al horno y cocinar por veinte minutos. Servir bien caliente, espolvoreando con la restante cucharada de perejil picado y decorando con rodajas de limón.

Filetes de brótola con salsa de tomates

250 calorías aproximadamente por porción. Bajo contenido en grasas y en colesterol.

INGREDIENTES:

Cuatro filetes de brótola de 200 gr. cada uno.
Medio kilo de puré de tomates.
Dos cucharadas de jugo/zumo de limón.
Una cebolla picada.
Una rama de apio picada.
Medio pimiento/morrón picado.
Dos dientes de ajo picados.

Una vaso de vino blanco.
Una cucharada de perejil picado.
Rocío vegetal.
Una pizca de sal.
Pimienta blanca molida.

PREPARACIÓN:

1) Rociar con el jugo/zumo de limón los filetes de brótola y condimentarlos con sal y pimienta. Dejar reposar por una hora.
2) Calentar el rocío vegetal en una sartén grande a fuego mediano. Saltear la cebolla, el apio, el ajo y el pimiento tres minutos. Agregar el vino y el puré de tomates y condimentar con una pizca de sal y pimienta. Bajar el fuego a mínimo y cocinar diez minutos. Reservar.
3) Ubicar los filetes en una fuente para horno, sin encimarlos. Añadir la salsa de tomates y cocinar en horno a fuego mediano, por veinte minutos. Servir bien caliente, espolvoreando con el perejil picado.

Filetes de lenguado a la jardinera

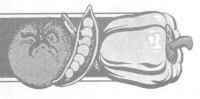

200 calorías aproximadamente por porción.
Bajo contenido en grasas y en colesterol.

INGREDIENTES:

Cuatro filetes de lenguado de 200 gr. cada uno.
Dos tomates picados.
Una cebolla picada.
Un diente de ajo picado.
Medio pimiento/ají verde picado.
Media lata de arvejas/guisantes al natural, escurridas.
Una cucharada de albahaca picada.
Medio vaso de vino blanco.
Una taza de caldo de vegetales desgrasado.
Una cucharadita de fécula de maíz.
Dos cucharadas de jugo/zumo de limón.
Rocío vegetal.
Una pizca de sal. Pimienta blanca molida.

PREPARACIÓN:

1) Rociar con el jugo/zumo de limón los filetes de lenguado y condimentarlos con una pizca de sal y pimienta. Dejar reposar una hora.

2) Calentar el rocío vegetal en una sartén grande a fuego mediano. Saltear la cebolla, el ajo y el pimiento tres minutos. Agregar el vino y los tomates y condimentar con una pizca de sal y pimienta. Cocinar cinco minutos.

3) Incorporar los filetes de lenguado sin encimarlos. Añadir el caldo, bajar el fuego a mínimo y cocinar veinte minutos. Retirar el pescado, reservarlo al calor y agregar la cucharadita de fécula de maíz, revolviendo bien. Cocinar tres minutos para espesar y agregar las arvejas/guisantes. Servir los filetes bañados con la salsa y espolvoreados con la albahaca picada.

Salmón rosado a la parrilla

300 calorías aproximadamente por porción.
Bajo contenido en grasas y en colesterol.

INGREDIENTES:

Cuatro rodajas de salmón rosado de 200 gr. cada una.
Cuatro cucharadas de jugo/zumo de limón.
Rocío vegetal.
Una cucharada de perejil picado.
Una pizca de sal.
Pimienta negra recién molida.

PREPARACIÓN:

1) Condimentar con sal y pimienta negra recién molida las rodajas de salmón. Bañarlas con dos cucharadas de jugo/zumo de limón y dejar reposar una hora.
2) Pincelar el salmón con rocío vegetal y cocinarlo en una parrilla a fuego mediano, siete minutos por lado. Durante la cocción, bañarlo con el jugo/zumo de limón restante. Servir bien caliente, espolvoreando con el perejil picado.

Postres

PARA BAJAR DE PESO

Los postres de este capítulo tienen como ingredientes principales a las frutas, cuyo consumo recomiendan los médicos y que son la base de muchas dietas para bajar de peso.

Las frutas se componen de agua, sales minerales y vitaminas, tienen un sabor delicioso y refrescante y son una fuente importante de glúcidos. Suministran además, una considerable cantidad de hidratos de carbono, es decir, que son auténticas generadoras de energía.

Todas estas virtudes, no deben hacer creer que las frutas pueden ser consumidas de manera indiscriminada en una dieta de adelgazamiento. Sus distintos valores calóricos hace que algunas sean ideales para cuidar los kilos y otras, en cambio, deban ser consumidas en pequeñas cantidades.

Para ilustrar sobre este punto, es útil consultar el siguiente cuadro sobre la cantidad de calorías de las frutas más conocidas:

- Cereza: 50 calorías por cada 100 gr.
- Frutilla/fresa: 34 calorías por cada 100 gr.
- Limón: 40 calorías por unidad.
- Manzana: 46 calorías por cada 100 gr.
- Durazno/melocotón: 40 calorías por cada 100 gr.
- Melón: 27 calorías por cada 100 gr.
- Naranja: 39 calorías por cada 100 gr.
- Banana/plátano: 95 calorías por cada 100 gr.
- Pomelo: 25 calorías por cada 100 gr.
- Uva: 67 calorías por cada 100 gr.

Para endulzar nuestros postres utilizaremos miel y edulcorante. Reemplazaremos la crema por yogures descremados, la consistencia la lograremos con gelatinas diet y aromatizaremos con hojas de menta fresca. Los postres serán exquisitos y de bajas calorías, para comer sin culpa.

111

Manzanas asadas

150 calorías aproximadamente por porción.
No contiene grasas ni colesterol.

INGREDIENTES:

Cuatro manzanas red
deliciosas o romme.
Cuatro cucharaditas de miel.

Media taza de agua.
Unas gotas de edulcorante.
Canela para espolvorear.

PREPARACIÓN:

1) Lavar las manzanas y quitarles el centro o corazón. Hacer algunos cortes en la parte superior, para que no se deshagan al cocinarlas.
2) Colocarlas en una fuente para horno. Cubrirlas con la miel y espolvorearlas con la canela. Añadir el agua y unas gotas de edulcorante y cocinar en horno a fuego mediano por media hora. Durante la cocción, bañarlas con su jugo varias veces y servirlas tibias.

Compota de manzanas

120 calorías aproximadamente por porción.
No contiene grasas ni colesterol.

INGREDIENTES:

Cuatro manzanas red deliciosa
o romme, peladas y sin el centro o corazón.

Cuatro tazas de agua.
Edulcorante a gusto.
Una ramita de canela.

PREPARACIÓN:

1) Cortar las manzanas en cuartos. Colocarlas en una cacerola con las cuatro tazas de agua, el edulcorante y la ramita de canela. Cocinar a fuego medio por treinta minutos.
2) Dejar enfriar y llevar a la heladera una hora antes de servir.

Naranjas rellenas

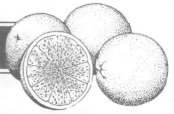

150 calorías aproximadamente por porción.
No contiene grasas ni colesterol.

INGREDIENTES:

Cuatro naranjas.
Una pera pelada y sin el centro, cortada en cubos chicos.
Una manzana red deliciosa pelada y sin el centro, cortada en cubos chicos.
Doce cerezas.
Cuatro cucharadas de jugo/zumo de naranja.
Hojas de menta para decorar.

PREPARACIÓN:

1) Cortar una tapa en la parte superior de las naranjas. Con mucho cuidado, vaciarlas para no romperlas y cortar una delgada capa en la parte inferior para que puedan apoyarse con facilidad. Deshechar las semillas y el ollejo y cortar la pulpa en trozos pequeños. Reservar.
2) Mezclar la pulpa con los cubos de manzana y de pera y las cerezas. Rellenar con esas frutas las naranjas vaciadas y agregar el jugo/zumo de naranja. Dejar estacionar, por lo menos una hora en la heladera antes de servir, decorando con las hojas de menta.

Copa de crema de frutas

100 calorías aproximadamente por porción. Bajo contenido de grasas. No contiene colesterol.

INGREDIENTES:

240 gr. de frutillas.
Dos mitades de peras en almíbar diet.
Dos mitades de duraznos/melocotón en almíbar diet.
Dos yogures descremados de vainilla.
Un sobre de gelatina diet de frutillas/fresas.

PREPARACIÓN:

1) Licuar o procesar las frutas con los yogures. Reservar.
2) Preparar la gelatina con la mitad de agua de la indicada en el sobre, dejar enfriar hasta que tenga una consistencia parecida a un jarabe y mezclarla con el licuado.
3) Colocar en copas y dejar enfriar por lo menos una hora en la heladera antes de servir.

Ensalada de frutas con vino

200 calorías aproximadamente por porción. No contiene grasas ni colesterol.

INGREDIENTES:

Medio melón blanco o rocío de miel chico, la pulpa en bolitas.
Medio melón amarillo chico con la pulpa en bolitas.
Dos bananas/plátanos cortadas en rodajas.
Dos naranjas peladas con los gajos separados y sin semillas ni ollejo.
Dos manzanas red deliciosa o romme con la cáscara cortadas en rodajas.
Dos kiwis cortados en rodajas.
100 gr. de uvas blancas.
12 cerezas.
Un vaso de jugo/zumo de naranja.
Medio vaso de vino dulce.

PREPARACIÓN:

1) Disponer las frutas en platos individuales.
2) Mezclar el jugo/zumo de naranja con el vino dulce y agregarlo a la ensalada de frutas. Dejar reposar por lo menos una hora en la heladera. Servir bien frío.

Ensalada de frutas con menta

150 calorías aproximadamente por porción. No contiene grasas ni colesterol.

INGREDIENTES:

Una mandarina, separados los gajos sin semillas ni ollejo.
Un kiwi cortado en rodajas finas.
Una manzana red deliciosa o romme pelada y sin el centro, cortada en cubos.
Una banana/plátano cortada en rodajas finas.
Un vaso de jugo/zumo de naranjas.
Dos cucharadas de jugo/zumo de limón.
Una cucharada de hojas de menta picadas.

PREPARACIÓN:

1) Colocar las frutas en un recipiente grande. Agregar los jugos/zumos de naranja y de limón y mezclar bien.
2) Enfriar por lo menos una hora en la heladera. Servir en copas, espolvoreadas con la menta picada.

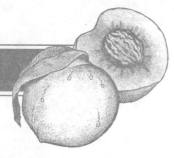

Flan de duraznos

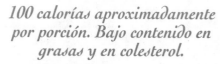

*100 calorías aproximadamente
por porción. Bajo contenido en
grasas y en colesterol.*

INGREDIENTES:

*Una lata –400 gr.– de duraznos/melocotones en almíbar diet.
Dos cucharadas de gelatina sin sabor.
200 gr. (7 onzas) de queso blanco descremado.
Una cucharada de jugo/zumo de limón.
Media taza de agua fría.*

PREPARACIÓN:

1) Procesar o licuar los duraznos/melocotones con su almíbar y
el queso blanco.
2) Disolver la gelatina en medio vaso de agua fría. Dejarla
reposar cinco minutos y luego calentarla a baño maría. Enfriar,
añadir el jugo/zumo de limón y unir con la crema de duraznos y
queso.
3) Humedecer con agua fría un molde de flan e incorporar la
preparación. Enfriar en la heladera, por lo menos dos horas.
Desmoldar y servir.

Pomelos rellenos

80 calorías aproximadamente por porción.
No contiene grasas ni colesterol.

INGREDIENTES:
Dos pomelos rosados.

200 gr. de frutillas/fresas.
Medio vaso de jugo de naranja.

PREPARACIÓN:

1) Cortar los pomelos por la mitad. Con un cuchillo bien afilado extraer la pulpa y cortarla en trozos pequeños. Deshechar las semillas y el ollejo.

2) Mezclar en un recipiente la pulpa de pomelo, las frutillas/fresas y el jugo/zumo de naranja. Rellenar con esta preparación las mitades de pomelos. Enfriar en la heladera, por lo menos una hora antes de servir.

Crema de oporto

120 calorías aproximadamente por porción.
No contiene grasas ni colesterol.

INGREDIENTES:
Un vaso de oporto.
Tres yogures de vainilla descremados.

Una cucharada de jugo/zumo de limón. y ralladura de la cáscara de un limón.
Edulcorante a gusto.

PREPARACIÓN:

1) Colocar en un recipiente el oporto, el jugo/zumo de limón, la ralladura y edulcorante a gusto. Mezclar bien, tapar y enfriar en heladera, por lo menos, dos horas.

2) Agregar a la mezcla fría los yogures y batir bien, hasta lograr una crema espumosa. Disponer la crema de oporto y limón en cuatro copas y volver a enfriar en la heladera, esta vez por varias horas. Servir bien frío.

Sorbete de melón

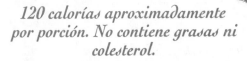

120 calorías aproximadamente por porción. No contiene grasas ni colesterol.

INGREDIENTES:

Un melón chico, con la pulpa separada de la cáscara.
Dos tazas de agua.
Dos cucharadas de jugo/zumo de limón.
Ralladura de la cáscara de un limón.
Edulcorante a gusto.

PREPARACIÓN:

1) Procesar o licuar la pulpa del melón, hasta que tenga una consistencia pareja.

2) Colocar en un recipiente de plástico el puré de melón, los dos vasos de agua, el jugo/zumo y la ralladura de limón y edulcorante a gusto. Llevar al freezer y batir la mezcla cuando empiece a cristalizarse, luego batir tres veces más a intervalos de una hora hasta que el helado esté firme. Pasar a la heladera para que se ablande, veinte minutos antes de servirlo.

Compota de damascos, duraznos, peras y ciruelas

150 calorías por porción.
No contiene grasas ni colesterol.

INGREDIENTES:

100 gr. de damascos/albaricoques secos para compota.
100 gr. de duraznos/melocotones secos para compota.
100 gr. de peras secas para compota.
100 gr. de ciruelas secas para compota.
Tres tazas de agua.
Un vaso de jugo/zumo de naranja.
Edulcorante a gusto.

PREPARACIÓN:

1) Cocinar las frutas secas en agua hirviendo por diez minutos. Colar y reservar.
2) Colocar en una cacerola los tres vasos de agua, el jugo/zumo de naranja, las frutas coladas y edulcorante a gusto. Cocinar a fuego medio por media hora. Enfriar por completo y llevar a la heladera, por lo menos, una hora antes de servir.

Duraznos rellenos de queso blanco

180 calorías aproximadamente por porción. Bajo contenido en grasas y en colesterol.

INGREDIENTES:

Cuatro duraznos/melocotones partidos por la mitad, pelados y sin el carozo.
Una ramita de canela.
Cuatro tazas de agua.
Edulcorante a gusto.
Cuatro cucharadas de queso blanco descremado.
Unas gotas de esencia de vainilla.

PREPARACIÓN:

1) Colocar los duraznos/melocotones, el agua y la canela en una cacerola. Cocinar a fuego mediano por quince minutos. Escurrir los duraznos y enfriarlos. Reservar.

2) Mezclar bien el queso blanco con unas gotas de esencia de vainilla y edulcorante a gusto. Rellenar con esta preparación las mitades de durazno y servir de inmediato.

Budín de manzanas y ricotta

150 calorías aproximadamente por porción.
Bajo contenido en grasas y en colesterol.

INGREDIENTES:

Una manzana verde pelada y sin el centro o corazón, cortada en láminas.
Una manzana red deliciosa pelada y sin el centro o corazón, cortada en láminas.
Medio kilo de ricotta.
Una cucharada de jugo/zumo de limón.
Unas gotas de esencia de vainilla.
Edulcorante a gusto.
Canela para espolvorear.
Varios: Papel de aluminio

PREPARACIÓN:

1) Rociar con el jugo/zumo de limón las láminas de manzana. Reservar.
2) Mezclar la ricotta con unas gotas de esencia de vainilla y edulcorante a gusto.
3) Forrar un molde de budín inglés con papel de aluminio y rellenarlo con la preparación de ricotta. Encima, disponer las láminas de manzana y espolvorear con canela molida. Cocinar en horno a fuego mediano por media hora. Dejar enfriar, desmoldar y servir.

Copa de kiwis y yogur

120 calorías aproximadamente por porción. No contiene grasas ni colesterol.

INGREDIENTES:

Cuatro kiwis pelados y picados.
Cuatro yogures descremados sabor natural.
Cuatro cucharaditas de miel.
Hojas de menta, para decorar.

PREPARACIÓN:

1) Mezclar bien los yogures con los kiwis y la miel.
2) Disponer la preparación de yogur y kiwis en cuatro copas. Enfriar una hora, por lo menos, en heladera. Decorar con las hojas de menta y servir.

Frutillas heladas

200 calorías aproximadamente por porción. Bajo contenido en grasas y en colesterol.

INGREDIENTES:

200 gr. de frutillas/fresas.
Una cucharada de miel.

Cuatro yogures descremados de frutilla/fresa.

PREPARACIÓN:

1) Licuar o procesar las frutillas/fresas con el yogur y la miel. Colocar en un molde y enfriar en el freezer por dos horas.
2) Después de retirado del freezer, servir de inmediato en copas y llevar a la mesa.

Mousse de limón

100 calorías aproximadamente por porción.
Bajo contenido en grasas y en colesterol.

INGREDIENTES:

Media taza de jugo/zumo de limón.
240 gr. de queso blanco descremado.
Un sobre de gelatina sin sabor, diet.
Edulcorante a gusto.
Ralladura de la cáscara de un limón.
Dos claras batidas a nieve.
Un limón cortado en rodajas, para decorar.

PREPARACIÓN:

1) Calentar el jugo/zumo de limón a fuego mínimo. Agregar la gelatina y mezclar bien. Retirar del fuego y agregar el queso blanco, la ralladura de limón y edulcorante a gusto. Enfriar en la heladera, por lo menos, dos horas.
2) Agregar a la preparación de queso blanco y limón las claras batidas a nieve y volver a mezclar. Disponer en cuatro copas y enfriar una hora más en heladera. Servir, decorando con rodajas de limón.

Copa de mandarinas

120 calorías aproximadamente por porción.
No contiene grasas ni colesterol.

INGREDIENTES:

Cuatro mandarinas peladas con sus gajos separados sin semillas ni ollejo.
Un vaso de jugo/zumo de naranja.
Tres tazas de agua.
Una cucharada de miel.
Cuatro cucharadas de yogur de vainilla, descremado.

PREPARACIÓN:

1) Colocar en una cacerola el agua con el jugo/zumo de naranja y la cucharada de miel. Calentar a fuego mínimo para que la miel se disuelva, sin que hierva.
2) Agregar los gajos de mandarina y cocinar cinco minutos. Dejar enfriar y llevar a la heladera, por lo menos una hora.
3) Disponer las mandarinas con su jugo en cuatro copas, agregar el yogur y servir.

GLOSARIO

Acidosis: acidez.

Antiespasmódico: que calma y evita los espasmos.

Antivírico: que combate los virus.

Atado de espinaca: manojo de hojas de espinacas con sus tallos.

Bactericida: que elimina las bacterias.

Brótola: alfaneca, escolano. Pez de carne blanca, suave y de delicado sabor.

Brotes de soja: germinados de soja.

Bulbo de hinojo: parte comestible de la planta aromática del mismo nombre, que recuerda nítidamente el aroma y el sabor del anís. Tallos y hojas se utilizan como condimento.

Caballa: macarela. Pez muy parecido al verdel que abunda en el oceáno Atlántico y en el mar Mediterráneo. Su carne es muy sabrosa y de un sabor parecido al atún.

Cebolla de verdeo: cebolla de almácido, cebolleta. Variedad de cebolla de bulbo delgado y largo, con hojas verdes comestibles.

Cuña: corte que se realiza al huevo duro. Primero se lo corta a lo largo y una vez obtenidas dos mitades, éstas se vuelven a cortar a lo largo. Las cuatro partes resultantes se denominan "cuñas" o "cuartos".

Echalote: chalota. Hortaliza de la que se consume el bulbo. Su sabor y aroma recuerdan al del ajo y la cebolla, con los cuales puede reemplazarse.

Edulcorante: reemplazante del azúcar. Endulzante artificial que se presenta comercialmente en polvo, líquido o en forma sólida en grajeas.

Endibia: variedad original de Bruselas, Bélgica, de la achicoria. Hortaliza de la que se consumen sus hojas verde-amarillentas y blancas, de delicado sabor amargo.

Estragón: dragoncilio. Planta aromática muy utilizada como condimento en la cocina mediterránea.

Hidratos de carbono: carbohidratos.

Fécula: almidón. Hidrato de carbono que se encuentra en las semillas, tubérculos y raíces de algunas plantas como el maíz, la papa (o patata) y la mandioca (o yuca). Es un poderoso espesante.

Gluten: proteína que se encuentra en muchos cereales combinada con almidón. Es la responsable de la elasticidad de la masa de harina.

Juliana: cortar el vegetal en tiras delgadas.

Lisina: aminoácido básico esencial para el crecimiento y el metabolismo nitrogenado del ser humano.

Mijo: planta anual de semilla pequeña y comestible que se cultiva como cereal en tierras áridas.

Oporto: vino tinto portugués de delicado sabor dulce, similar al vino italiano Marsala.

Ollejo: parte carnosa y blanca que recubre la naranja entre la piel y la pulpa.

Pomelo: toronja. Fruta cítrica cuyo jugo es muy apreciado.

Poroto colorado: alubia o judía roja, frijol, habichuela.

Puerro: ajo porro. Planta de bulbo alargado y hojas chatas de sabor delicado y similar a la cebolla. Es una de las hortalizas más utilizadas en la cocina francesa.

Quinoa: cereal de origen americano, de amplio cultivo en el Imperio Inca. Actualmente, las nuevas cocinas latinoamericanas lo han rescatado y lo utilizan en muchas recetas.

Tomillo: planta aromática y medicinal, cuyas hojas se utilizan como condimento.

Zapallitos: calabacines, zuchinni. Planta rastrera de frutos oblongos y comestibles, ricos en minerales y muy abundantes en agua. Sabor delicado y algo insulso.